中华优秀传统文化及其当代价值研究

侯 丽 著

北京工业大学出版社

图书在版编目（CIP）数据

中华优秀传统文化及其当代价值研究 / 侯丽著 . —
北京 ：北京工业大学出版社，2021.4
ISBN 978-7-5639-7915-8

Ⅰ . ①中… Ⅱ . ①侯… Ⅲ . ①中华文化－研究 Ⅳ .
① K203

中国版本图书馆 CIP 数据核字（2021）第 081805 号

中华优秀传统文化及其当代价值研究
ZHONGHUA YOUXIU CHUANTONG WENHUA JI QI DANGDAI JIAZHI YANJIU

著　　者：侯　丽
责任编辑：李倩倩
封面设计：知更壹点
出版发行：北京工业大学出版社
　　　　　（北京市朝阳区平乐园 100 号　邮编：100124）
　　　　　010-67391722（传真）　bgdcbs@sina.com
经销单位：全国各地新华书店
承印单位：天津和萱印刷有限公司
开　　本：710 毫米 ×1000 毫米　1/16
印　　张：10
字　　数：200 千字
版　　次：2021 年 4 月第 1 版
印　　次：2022 年 3 月第 1 次印刷
标准书号：ISBN 978-7-5639-7915-8
定　　价：60.00 元

前　言

在几千年的发展中，中华民族形成了以爱国主义为核心，团结统一、爱好和平、勤劳勇敢、自强不息的伟大民族精神，伟大的民族精神概括了中华优秀传统文化精神特质的基本内容。中华优秀传统文化精神特质所蕴含的内在逻辑是使其具有当代价值的力量源泉，其中自强不息是中华优秀传统文化具有当代价值的逻辑起点，又因为自强、尊重和包容的精神，中华优秀传统文化有巨大的同化作用。

全书共七章。第一章为绪论，主要阐述了中华优秀传统文化的界定、中华优秀传统文化的主要内容、中华优秀传统文化的基本特征、中华优秀传统文化的精神特质四方面内容；第二章为中华优秀传统文化的逻辑进程，主要阐述了中华优秀传统文化产生的背景、中华优秀传统文化的发展历程、中华优秀传统文化的逻辑展开三方面内容；第三章为中华优秀传统文化的时代彷徨，主要阐述了中华优秀传统文化的近代困惑、中华优秀传统文化的现代境遇、中华优秀传统文化的当代误读三方面内容；第四章为中华优秀传统文化的发展、传播现状，主要阐述了中华优秀传统文化在国内的发展现状、中华优秀传统文化在国外的传播现状、中华优秀传统文化面临的机遇与挑战三方面内容；第五章为中华优秀传统文化当代价值的丰富内涵，主要阐述了凝聚整合价值、借鉴启发价值、德育教化价值、审美娱乐价值、文化产业价值、世界和平发展价值几方面内容；第六章为实现中华优秀传统文化当代价值的经验与教训，主要阐述了实现中华优秀传统文化当代价值的经验、实现中华优秀传统文化当代价值的教训两方面内容；第七章为中华优秀传统文化的传承与创新，主要阐述了弘扬中华优秀传统文化应遵循的基本原则、弘扬中华优秀传统文化的路径两方面内容。

为了确保研究内容的丰富性和多样性，作者在写作过程中参考了大量理论与研究文献，在此向涉及的专家学者们表示衷心的感谢。

最后，限于作者水平，加之时间仓促，本书难免存在一些疏漏，在此，恳请广大读者朋友批评指正！

目 录

第一章　绪论

中华民族优秀传统文化博大精深、源远流长。文化是民族的血脉，是人民的精神家园。文化自信更是中华民族生生不息的原生动力，作为最基本、最深层的动力源泉，它更加推动社会主义文化强国的建设，提升我们国家自身的文化软实力。为适应新时代的发展，实现伟大复兴的中国梦，促进中华优秀传统文化的现代化转化变得尤为重要。本章分为中华优秀传统文化的界定、中华优秀传统文化的主要内容、中华优秀传统文化的基本特征、中华优秀传统文化的精神特质四部分。主要内容包括：文化、中华传统文化、中华优秀传统文化、精神层面文化、制度层面文化、物质层面文化等方面。

第一节　中华优秀传统文化的界定

一、文化

文化是现代社会经常使用的词语之一。在日常生活中，各种各样的文化现象无处不在，我们无时无刻不与文化相遇，文化时时刻刻在影响、制约我们的行为与生活。究竟什么是文化，无论是文化学家、人类学家，还是其他思想家，千百年来始终无法确切界定、明晰统一。或许这正是文化自身复杂性和不确定性所带来的魅力。

（一）文化的定义

当今世界关于文化的定义，据统计已有 260 多种。文化作为人类社会的客观存在，与人类历史的发展密不可分，可以说一部人类的历史就是人类的文化史。因此，文化含义的纷繁多样证明了文化自身的广博宏大。

在中国古代早期的经典文献中，就已经出现了"文化"一词，这和现代的含义有所区别，主要是"文"与"化"两个字的合体叠加。"文"的本义是人形，后指各色交错的纹理。《易·系辞下》载："物相杂，故曰文。"《礼记·乐记》云："五色成文而不乱。"许慎在《说文解字》中追根溯源，认为"文，错画也，象交文。像两纹交互也"。王筠注："错者，交错也，错而画之，乃成文。"由此延伸，文于是便涵盖了"文字、文采、文献、文教、天文"的意思。《尚书序》中记录了伏羲在八卦山上演画八卦，随后还创造了最早的象形文字（造书契），"由是文籍生焉"。随着时间的推移，"文"字开始拥有了与"质""实"相对的道德修养与崇高精神的意思。《论语》称："质胜文则野，文胜质则史，文质彬彬，然后君子。"郑玄注《礼记》曰："文犹美也，善也。"因此，"文"从产生开始便与文化息息相关。

"化"指从生到死的改变，寓意变化，例如，"男女构精，万物化生"，从自然万物的生存变化逐渐延伸为改易、生成、造化、化育等意思，如《礼记·中庸》的"可以参天地之化育"等。"化"又引出教化、感化、募化和消失等意思，如《说文解字》："化，教行也。"《荀子·不苟》："神则能化矣。"注云："化，谓迁善也。"《公羊传·桓公六年》记载了"正月实来化我也"。注云："行过无礼谓之化。"

在中国古代思想史上，文化二字合并使用最早出现在《周易·贲卦·象传》中："刚柔交错，天文也。文明以止，人文也。观乎天文，以察时变。观乎人文，以化天下。"在此，天文成为与人文相对应的一组词语，天文主要指的是代表自然和规律的天道，人文泛指社会道德伦理。国家的治理者或统治者必须自觉观察大自然每时每刻的运行规律，以提醒广大民众进行打猎、耕作、捕鱼的劳动；同时还要依据自然的变化有序地安排社会中长幼尊卑的秩序，确立好君臣、父子、夫妇、兄弟、朋友等的等级关系，让越来越多的人懂得礼仪，合乎规范，并从单个的个体推至整个天下，实现"大化"的理想状态。显而易见，"文""化"在最初联合使用就已经拥有了明显的文明教化含义。从此文化开始合用一直到今天，并不断延伸出其他几种义项，并且与自然、神理、朴野、武功相对应。首先，与自然对应，取其人伦、人文之义。例如："夫玄象著明，以察时变，天文也；圣达立言，化成天下，人文也。达幽显之情，明天人之际，其在文乎？"其次，与"神理"相对应，取其相近的精神教化之义。例如，在南齐王融的《曲水诗序》："设神理以景俗，敷文化以柔远。"然后，与"落后""野蛮""朴素"相对应，主要表达的是雅致和文明的意思。例如："礼为情貌者也，文为质饰者也。须饰而论质者，其质衰也。"最后，与武功对应，取其文治教化之义。例如，西晋束皙的《补亡诗》："文化内辑，武功外悠。"

到19世纪末，由于受到了达尔文进化论的影响和冲击，文化逐渐开始成为人类和社会学家热心讨论题目。例如，英国的泰勒提出了"所谓文化或文明是包括知识、信仰、艺术、道德、法律、习俗以及包括作为社会成员的个人而获得的其他任何能力、习惯在内的一种综合体"。泰勒眼中的"文化"与中国的"文明"相近。美国人类学家博厄斯把某一文化的历史研究作为主要研究视角，强调文化的差异，认为文化就是在特定群体范围内的所有形成的习惯以及在这些习惯作用下的人民的活动；英国社会人类学家马林若夫斯基等人则将文化作为人在社会中不断满足自身的各种风俗、道德、制度和礼仪；美国文化人类学家克罗伯和科拉克洪在 1952 年共同发表的《文化：一个概念定义的考评》中，分析考察了 100 多种文化定义，然后他们对文化下了一个综合定义："文化存在于各种内隐的和外显的模式之中，借助符号的运用得以学习与传播，并构成人类群体的特殊成就，这些成就包括他们制造物品的各种具体式样，文化的基本要素是传统思想观念和价值，其中尤以价值观最为重要。"

我们不可能罗列所有关于文化的定义，只能通过一些文化主要流派的介绍，来理解文化的内核。"人类从'茹毛饮血，茫然于人道'的'直立之兽'演化而来，逐渐形成与'天道'既联系又相区别的'人道'，这就是文化创造的过程。文化是人与自然、主体与客体在实践中对立统一的存在。"我们界定文化的含义就是人类有意识改造主观世界和客观世界的行为及其产生的影响，或者概而言之，文化就是"自然的人化"，是自然向人的转化。在马克思看来，自然主要包含两个部分：一部分是人以外的自然世界，这是不依靠于人而存在的世界，马克思称其为人的"无机身体"；另一部分则是人本身的自然，这是人自身的世界，是人的"有机身体"。自然的人化，首先包括人类对外在自然的能动的现实的改造，另外包括人自身的躯体和全部感觉（内在自然）发生的变化。归根结底，文化就是人类自身通过劳动，不断认识、调适、依靠和改造自然世界中逐步满足人类发展需要，包括物质和精神两种需要的过程。

（二）文化的特征

文化是人类改造自然和社会的行为和结果，以其特有的规律发展演变，因此文化在长期的历史变迁中形成了自己的基本特征，一般包括以下几个方面。

1. 整体性与可分性的统一

文化是一个拥有整体性组织结构的体系，包含了一些不能脱离组织结构而存在的要素，它们一荣俱荣，一损俱损；另外，在这个体系之中，要素与要素之间，要素与结构之间都发生着密切的联系，甚至它们之间还带有一些有机性的联系，并相互影响。另外，各个要素之间，以及要素和结构之间相互制约、相互作用、相辅相成、相互补充，形成了文化系统相对稳定的机制。然而，整体结构与部分要素之间并不是一成不变的，它们会根据环境的变化而产生互动与变迁，也正是在结构与要素之间的互动变迁中，形成了各个个性迥异、特色鲜明的文化。另外，在文化系统中还有一些要素，它们之间以及它们与体系之间存在可析离的关系，这些要素可以在经过人为的改造后，被吸纳和融入其他的文化系统中。"文化既不是铁板一块、不可解析，也不是互不关联的成分的混合物，而是一个具有结构和整体功能的由许多复杂元素组成的系统。"

2.普遍性与多样性的统一

文化是一个由许多文化要素构成的整体性组织结构体系，在同一空间里，不同的文化系统里包含了一些彼此之间相同的文化要素，同时也各自拥有一些迥异的文化要素。在相异的文化系统中包含相同的文化要素就是文化的普遍性，在相异的文化系统中包含不同的文化要素则是文化的多样性。文化的普遍性从本质而言主要体现为一种文化层面——人类共享性，也就是文化外部共享性。文化的多样性则呈现为文化在不同民族之间的差异，也就是文化内部共享性。两者是对立统一的矛盾共同体。

首先，从文化的产生上看，文化一部分是源于民族内部的独立发明，另一部分通过文化传播和文化采借而来，通过采借其他民族的文化特质并融入自己固有的文化系统中，如阿拉伯数字现在为全人类共享。

其次，从文化发展的历史进程来看，随着文化传播速度的不断加快，文化累积和文化创新也呈现快速发展景象，特别是随着经济全球化的到来，文化传播以前所未有的方式席卷全球，新的文化特质不断补充到民族文化的内核中，文化的普遍性和多样性将继续延续并相互依存，日益为世界呈现丰富多彩的文化发展格局。累积性与变革性的统一。文化的累积性是指人类在自然和社会环境中的文化创造、传递和积聚。一方面表现为旧文化要素积累与保存，另一方面表现为新文化要素吸纳与增加。

最后，从人类发展历史来看，人类在改造主观世界和客观世界的过程中，不断发现、总结和积累经验，创造丰富多彩的特色各异的文化，并将这些文化在一代代的绵续中进行传承和传播，最终实现文化累积。文化积累在时间范畴中表现为间断与连续相互统一的过程，这表明文化在时间的发展横轴上过去、当下与将来是连绵不断的，传统与现代不是割裂对立存在的而是息息相通、一脉相连的。因此，文化积累是文化发展过程中的主要表现形式，没有累积就没有文化的创新变革和发展更新。文化不是静止的，它的最基本特征就是变革，文化变革是指文化在累积的过程中不断变化的特性，包括文化扬弃和创新等环节。文化的累积与变革是辩证统一的，文化累积是文化发展的前提和条件，文化变革是文化发展的环节和契机，只有累积没有变革，文化只是数量的增加，不会有文化的创新，更不会有文化的发展；而失去文化的累积，人类文化的发展也只能原地踏步，创新与变革更无从谈起。文化积累与文化变革的辩证统一关系充分体现了文化发展过程中量变和质变的统一。

（三）文化的分类

自 20 世纪初以来，不少哲学家、社会学家、人类学家、历史学家和语言学家一直在努力，试图从各自学科的角度来界定文化的概念，然而，迄今为止仍没有获得一个公认的、令人满意的定义。据统计，有关"文化"的不同定义有二三百种，在讨论中，学者们发现要想在一个层面上给文化下一个公认的定义是困难的，所以开始尝试对文化进行分类定义，应当说这是一种富有实际意义的做法。

从文化含义的外延分，我们可以将文化分为多种。第一，最广义的文化，指人类所创造的一切精神财富和物质财富的总和，包括物质文化和精神文化。第二，剔除物质文化，专指与物质文化相对的精神文化，包括制度文化、行为文化、意识形态文化等。第三，剔除制度文化，专指行为文化、意识形态文化，如哲学、宗教、文学、艺术、习俗、历史等。第四，形而上的意识形态文化，如哲学、宗教、文学、艺术。第五，最狭义的文化，专指文化的基础，即哲学。

以文化内部的结构划分，文化可分为物态文化、制度文化、行为文化、心态文化。物态文化是人类的物质生产活动方式和产品的总和，是可触知的具有物质实体的文化事物。制度文化是人类在社会实践中组建的各种社会行为规范。行为文化是人际交往中约定俗成的以礼俗、民俗、风俗等形态表现出来的行为模式。心态文化是人类在社会意识活动中孕育出来的价值观念、审美情趣、思维方式等主观因素，相当于通常所说的精神文化、社会意识等概念，这是文化的核心。

有些人类学家将文化分为高级文化、大众文化、深层文化三个层次。

高级文化包括哲学、文学、艺术、宗教等。大众文化指习俗、仪式以及包括衣食住行、人际关系各方面的生活方式。深层文化主要指价值观的美丑定义、时间取向、生活节奏、解决问题的方式，以及与性别、阶层、职业、亲属关系相关的个人角色。高级文化和大众文化均植根于深层文化，而深层文化的某一概念又以一种习俗或生活方式反映在大众文化中，以一种艺术形式或文学主题反映在高级文化中。

还有学者专门对中国传统文化进行了分类，将其划分为规范性文化、非规范性文化、半规范性文化。规范性文化，就是以儒家经典为经，以历代官修史志为纬，在长期流迁演化中广泛吸收了道、法、阴阳、纵横、玄、佛诸家学说而形成的经史文化，是中国小农社会中具有最高权威的规范性文化。与此相应的则是普遍存在于一般民众的生产方式、生活方式、人与人的种种关系、风俗、习惯、信仰、追求、日常心理、潜在意识及形形色色的成文或不成文制度中的非规范性文化。除这两种文化之外，还有介于两者之间的半规范性文化，指雅俗程度不一的大量文学艺术作品，如《水浒传》《三国演义》《西游记》《聊斋志异》《儒林外史》等俗文化代表作。

但其实从不同维度出发，可以得出对文化的不同归类。从时间角度划分，在世界史的大致进程中有原始文化、古代文化、近代文化、现代文化之分；我国的文化阶段还可以划分成先秦文化、两汉文化、魏晋文化、大唐文化、两宋文化直到社会主义文化等类阶。从空间角度划分有东方文化、西方文化、海洋文化、大陆文化；我国的地域空间文化如中原文化、燕赵文化、荆楚文化、巴蜀文化、吴越文化、齐鲁文化等。按社会功用划分有礼仪文化、制度文化、服饰文化、校园文化、企业文化；在社会之中的人群也有自己的文化，如贵族文化、平民文化、市民文化、庙堂文化等。从经济形态角度划分有牧猎文化、渔盐文化、农业文化、工业文化、商业文化。按考古发掘命名，有河套文化、仰韶文化、龙山文化、大汶口文化等。以物类划分，有茶文化、服饰文化、酒文化、饮食文化、建筑文化等。所有这些分类并不是绝对准确的，有的是交叉的，但相对分类又是必要的。适当地分类，有利于我们从不同时空、角度和层面把握文化的门类、性质和特征等。

（四）文化的功能

文化的功能是指在同一个文化类型的内部，要素之间以及要素与结构之间互相发生的关系与作用，以及文化作为整体在满足人类生存和人类社会发展历程中所体现的价值、作用和效能。文化的功能主要包括：认知功能、规范功能、教育功能、凝聚功能和调控功能。

1.认知功能

文化能拓宽人类的视阈、开启人类智慧、丰富人类情感、规范人类生活、提高人类认识和改造客观世界及主观世界的能力。人类通过文化的方式，逐渐地认识自然，认识社会，认识自身，认识世界。哲学使我们思考人生，启迪智慧；宗教学使我们心有所依，寻找人生的终极依靠；天文学使我们认识宇宙，认识人生的渺小；医学使我们探索人类自身的奥秘；艺术使我们寻找美，在美的愉悦中获得自我满足。随着人类认识事业的开拓，认识能力也不断加强，认识世界和改变世界的质量不断提高，速度不断加快，人类的生活发生了翻天覆地的变化。例如，从望远镜到射电望远镜，从显微镜到 CT 机，从算盘到电子计算机，从航天飞机到火星探测器，都是很好的明证。

2. 规范功能

文化结构中的社会制度、风俗习惯、伦理道德和价值观念对人类的行为模式具有制约和模塑作用。文化是人类为了获得美好的环境而独创的，这里的环境不仅是指人类所面临的自然环境，还包括人与人构成的社会环境。人类不仅要处理人与自然世界的关系，更要协调处理人与人、人与社会之间的关系。因此，人类总结出了一系列处理人与人之间、人与社会之间关系的准则，并用制度的形式进行规范化，同时人类还形成了一系列民俗文化和伦理道德等一整套观念文化，对人类社会进行非强制性约束。文化通过强制性和非强制性约束的形式，规范人们的行为，因此，在现实生活中，不存在完全摆脱文化约束的"超人"。

3. 教育功能

文化是由人创造出来的，文化一旦被人创造出来后，就开始作为一定的文化环境，反作用和制约着人。人就是在文化的影响、塑造中自我完善的。"文化"一词最早在中国古代文献中出现，显示的就是它的教化功能。《说苑·指武》："凡武之兴，为不服也；文化不改，然后加诛。夫下愚不移，纯德之所不能化，而后武力加焉。"文化不仅仅使人自觉接受教育，同时通过社会环境等使人耳濡目染、潜移默化，在无形之中接受教育，使人不断地社会化，逐渐成为社会的人。

4. 凝聚功能

文化是一个民族最根本的基因，是一个民族全体成员共同的血脉，将全民族成员紧紧凝聚在一起。文化的凝聚功能是教化功能的延伸。文化使属于同一个文化类型的人们，在共同的文化环境氛围中得到教化，从而产生相同的精神气质、思想观念、道德情操和社会伦理，为他们的思维方式、价值观念涂上基本相同的"底色"，使他们形成稳定的民族认同，而紧紧团结在一起，产生巨大的求同抗异力量，推动民族生命生生不息地发展。由于文化层次不同，文化的凝聚范围、层次、程度也不同，如价值观念属于精神层面文化，因而它的凝聚范围大、程度深，也最稳固。

5. 调控功能

任何一个社会群体，为了共同的生存和发展，在实践过程中，自然会要求其成员必须遵守某一行为准则和道德标准，形成一定的社会规范，使人们明是非、辨善恶，共同趋向某种价值观、审美观等，以确保社会在正常有序的秩序中实现良性的发展。文化的调控功能具体体现在：调控人与自然的关系，使人与自然和谐相处；调控个人与群体的关系，使个人与群体相辅相成、共生共荣；调控不同族群之间的关系，促进世界各个族群共同繁荣发展；调整个人身心的平衡，调节、缓和个人自身内在需求和外在现实之间的矛盾。

二、中华传统文化

文化是一个包含多层次多方面内容的统一体系，主要从广义文化与狭义文化两个角度考虑。广义文化一般指人类在历史发展过程中所创造的物质财富、精神财富及其他一切成果的总和。广义文化体系复杂，分析其内在逻辑结构和层次时一般将广义文化分为物质文化、精神文化、行为文化、制度文化四个层次。物质文化多指人类物质生产方式及其劳动产品的总和，主要满足人类衣、食、住、行等生存需要。精神文化指人类在长期社会实践中形成于物质形态之上的思想观念等精神成果的总和，包含文学艺术与思想观念等。制度文化多指人类在社会实践活动中建立的社会规范的总和，包括经济、政治、宗教等制度与组织形式。行为文化多指人类交往中形成的风俗习惯等。广义文化的四个方面相互联系，体现了人与自然、人与社会、人与自身等多重关系。狭义文化主要指精神文化。

中国传统文化，就是指有中国特点的传统文化。"中国"突出了文化具有的民族属性，体现了中华民族的创造性。"传统文化"则体现文化的历史继承性。对于中国传统文化的定义，学术界有多种理解。学者顾冠华指出，中国传统文化主要是指在中国几千年文明发展过程中，在特定的自然环境、经济形式、政治结构、意识形态作用下形成的并且至今仍在影响着当代文化的"活"的中国古代文化；有的学者认为，中国传统文化是从过去发展起来的文化，是现代文化的反映；还有的学者认为，中国传统文化是存在于民族土壤中的稳定的东西，但又是动态的，是过去与现在的交融，融入了各个不同时代的新思想、新血液。中国传统文化主要指中华民族在历史发展过程中传承下来的能够影响整个社会的具有相对稳定性的精神成果的总和。

三、中华优秀传统文化

关于中华优秀传统文化的概念，学术界有多种定义，常见的有三种。第一种，从时间和内容角度的探究。"中华优秀传统文化就是中华民族在 1840 年以前创造的，并能够经过现代意义上的创造性转换而服务于中国现代化建设的文化，包含物质形态层面。"第二种，从价值角度的考量。"简言之，所谓中华优秀传统文化，就是中华民族在长期发展过程中形成的有着积极的历史作用，且至今具有重要价值的思想文化。"第三种，从传承角度的探究。"中华优秀传统文化是指那些经过了实践检验、时间检验和社会择优继承检验而保留下来并能传之久远的文化。"

学术界关于中华优秀传统文化定义的表述都具有自己的依据和优点。时间当然是传统文化必不可少的判断标准。"任何一种民族文化，都有它发生、发展的历史，都有它的昨天、今天和明天。"传统文化自然是指昨天的文化，与现代文化相对。但是优秀传统文化的概念核心应该集中于"优秀"二字之上。第一，中华优秀传统文化首先是中国传统文化，是指 19 世纪 40 年代以前的中国文化。第二，中华优秀传统文化是中国文化中的优秀部分，是指传承至今且对当今世界发展有积极意义的文化，是对解决中国特色社会主义面临的现实问题有重要帮助的文化，是中国特色社会主义文化的来源和重要组成部分。第三，中华优秀传统文化是经过现代实践检验并对人类的未来发展有积极影响的文化。

中华优秀传统文化的主要内容随实践的变化而发展，与马克思主义先进文化和中国革命文化同铸一炉，彰显出伟大的时代价值。习近平总书记指出："深入挖掘和阐发中华优秀传统文化讲仁爱、重民本、守诚信、崇正义、尚和合、求大同的时代价值，使中华优秀传统文化成为涵养社会主义核心价值观的重要源泉。"这六点，揭示了中华优秀传统文化的核心内涵。

第二节　中华优秀传统文化的主要内容

从系统角度看，一种文化是由若干文化要素组成的具有一定结构和功能的文化系统。组成文化系统的文化要素复杂多样，在系统中具有不同特征和功能。如果以特征和功能的相似性为标准，可以对复杂多样的文化要素进行分类，区分出精神、制度和物质三个层面的文化要素。"精神、制度和物质构成文化的三个层面。"精神层面文化是以精神形式而存在的文化，代表着人类认识世界的精神成果，如世界观、价值观。物质层面文化是以物质形式而存在的文化，代表着人类改造世界的物质成果，如生产工具、生活器具等。制度层面文化介于前两者之间，代表着人类营造社会关系、规范社会行为的制度成果，如政治制度、社会礼仪等。这三个层面的文化要素相互影响、有机结合，共同构成整个文化系统。中华优秀传统文化也是由精神、制度和物质三个层面的文化要素构成的文化系统。为了深入研究中华优秀传统文化的当代价值，下面分别对这三个层面的文化要素进行简要梳理和阐释。

一、精神层面文化

精神层面文化代表着人类认识世界的精神成果。中华民族在漫长的社会历史实践中，经过不懈的探索和长期的积累，创造了博大精深的精神成果，为中华民族的发展壮大提供了丰厚的精神滋养。下面择要列举六个方面的精神层面文化成果。

（一）民族精神

民族精神是一个民族在长期的生存发展过程中积淀形成的精神品质，是一个民族维护团结统一、应对风险挑战的精神支柱。"在五千多年的发展中，中华民族形成了以爱国主义为核心的团结统一、爱好和平、勤劳勇敢、自强不息的伟大民族精神。"爱国主义是中华民族精神的核心，深深植根于民族心理之中，成为中华优秀传统文化的精神基因，至今强烈感染和影响着中华儿女。团结统一精神是中华民族始终能够保持完整统一、不断发展壮大的坚强精神纽带，中国历史上虽时有分裂，但民族团结和国家统一始终是中华民族历史的主流，反对分裂、维护统一的意识根深蒂固。爱好和平是中华民族在处理国与国、民族与民族关系时所表现出的一种高贵精神追求。勤劳勇敢是中华民族的重要精神品质，"业精于勤""天道酬勤"表现了中华民族勤劳的一面，"见义勇为""英勇不屈"则表现了中华民族勇敢的一面。自强不息是中华民族不断发展壮大的精神动力，中华民族生生不息、发展壮大的历史，就是一部自强不息、开拓创新的辉煌史。伟大的中华民族精神，是中华优秀传统文化的重要组成部分。

（二）治国理念

中国古代治国理政思想可谓博大精深，特别是在先秦诸子百家的作品中，"治国之道"成为最鲜明的主题。儒家提倡"仁""义""礼"，提出"民为贵，社稷次之，君为轻"（《孟子·尽心下》）的民本思想，主张统治者实行"仁政""王道"，建立"选贤与能，讲信修睦""谋闭而不兴，盗窃乱贼而不作"（《礼记·礼运》）的大同社会。墨家提出"兴天下之利，除天下之害"（《墨子·兼爱中》），提倡"尚同""尚贤""兼爱""非攻""节用""非乐"

的治国理念。道家提出"治大国如烹小鲜"（《道德经》第六十章），倡导"无为而治""小国寡民"的治国理念。法家强调"奉法者强，则国强；奉法者弱，则国弱"（《韩非子·有度》），提出"法""术""势"的治国理念。另外，农家、纵横家、阴阳家、名家等流派的思想家都有着独特深刻的"治国之道"。以"德"治国还是以"法"治国，"无为"而治还是"有为而治"，以"民"为本还是以"君"为本，"变法"求强还是"守法"求强，以"农"立国还是以"商"立国，等等，中国古人都有过系统深入的思考，进行了广泛持久的争鸣，留下了丰厚宝贵的思想财富。诸子百家的治国理政思想，以及后人在此基础上的反思和发展，是中华民族的思想智慧宝库。

（三）传统美德

中华民族是一个非常崇尚道德的民族，中国古人很早就提出和形成了内容丰富、体系完备的道德规范。以儒家为例，《论语》就提出了仁、礼、孝、悌、忠、恕、恭、宽、信、敏、惠、温、良、俭、让、诚、敬、慈、刚、毅、直、克己、中庸等一系列德目。汉代以后又形成了影响深远的"三纲"（君为臣纲、父为子纲、夫为妻纲）和"五常"（仁、义、礼、智、信）。客观地说，这些道德规范中，不乏封建毒素和糟粕，但主流是中华民族的传统美德。

中华传统美德内涵丰富，"亲亲而仁民，仁民而爱物"的仁爱精神，"富贵不能淫，贫贱不能移，威武不能屈"的高贵人格，"天下兴亡，匹夫有责"的爱国情怀，"君子坦荡荡"的个人修养，"己所不欲，勿施于人"的处事原则，都是中华传统美德的生动写照。有学者将中华传统美德概括为十项：仁爱孝悌、谦和好礼、诚信知报、精忠爱国、克己奉公、修己慎独、见利思义、勤俭廉正、笃实宽厚、勇毅力行。中华传统美德涵盖了个人在家庭、社会和国家中为人处事、安身立业的道德准则，是中华民族赖以生存和发展的重要道德保障。

（四）文学艺术

在中华优秀传统文化中，文学艺术作品数量大、水平高，是中华民族足以为傲的民族宝藏。在文学方面，中国古代文学取得了巨大成就。著名学者王国维说："凡一代有一代之文学：楚之骚，汉之赋，六代之骈语，唐之诗，宋之词，元之曲，皆所谓一代之文学也，而后世莫能继焉者也。"（《宋元戏曲考》）诚如斯言，至今流传下来的诗经、楚辞、汉赋、唐诗、宋词、元曲、明清小说等众多文学精品，在思想性和艺术性上都达到了世界顶级水平。屈原、陶渊明、李白、杜甫、白居易、苏轼等人的古典诗词，《红楼梦》《三国演义》《水浒传》《西游记》《儒林外史》《聊斋志异》等古典小说，不仅影响了中国，而且影响了世界。另外，《孟子》《庄子》《韩非子》《吕氏春秋》等先秦诸子作品，《左传》《史记》《汉书》《资治通鉴》等历史作品，也都具有很高的文学价值。在艺术方面，从原始彩陶、青铜纹饰到明清时期的书法绘画，中国在建筑、雕刻、书法、绘画、音乐、戏剧等方面都取得了辉煌的艺术成就。如王羲之、颜真卿、柳公权、张旭、苏轼、黄庭坚、董其昌等的书法，阎立本、王维、黄公望、倪瓒、文征明、唐寅等的画作，关汉卿、王实甫、马致远、白朴、汤显祖等的戏剧，代表了中国古代艺术的高超境界。

（五）历史经验

中国自古以来注重历史记载。国学大师钱穆认为："中国为世界上历史最完备之国家。"他指出，中国历史有三个特点：一是"悠久"，从黄帝传说到今天有近 5000 年的历史。二是"无间断"，特别是有文字记载以来中间没有历史记载的空白。三是"详密"，史书题材非常多。比如，纪传体正史有二十五种，称为"二十五史"；编年体史书有《春秋》《左传》《资治通鉴》等；纪事本末体史书有《通鉴纪事本末》《圣武记》等；别史有《通志》《续通志》等；政书有《通典》《文献通考》等；学术史有《明儒学案》《清代学术概论》等；杂史有《国语》《战国策》等；史评有《史通》《文史通义》等。这些历史典籍详细记录了中华民族自强不息、发展壮大的历史进程，既包括升平之世社会发展进步的成功经验，也包括衰乱之世社会动荡的深刻教训。中国历史上，"文景之治""贞观之治""开元盛世""康乾盛世"等时代社会稳定、经济发展、文化繁荣的成功经验，秦隋二世而亡、汉唐盛极而衰、魏晋南北朝分裂动荡、两宋文武失衡、明清闭关锁国的深刻教训，都详细记录在各种史书中。

另外，中国古代在制度建设、经济发展、变法改革、反腐倡廉、选人用人、修身立德、民族融合、对外交往、国防建设、军事斗争等方面，都积累了极为丰富的历史经验。

（六）思维方式

思维方式是人们观察世界和认识世界的角度、方式和方法，思维方式的差异是造成文化差异的重要原因。与其他民族相比，中华民族有着独特的思维方式。中国传统的思维方式，一是重整体。庄子说："泛爱万物，天地一体也。"（《庄子·天下》）明代思想家王守仁说："天地万物为一体。"清代经史学家陈澹然也说："不谋万世者，不足谋一时；不谋全局者，不足谋一域。"（《寤言二·迁都建藩议》）中国古人注重从整体上观察事物，认为小到个人、大到天地万物都是有机联系的整体。二是讲辩证。中国古人认为万事万物都体现着对立统一，只有辩证把握这些对立统一，不走极端，才能保持平衡、达到和谐。老子主张："有无相生，难易相成，长短相形，高下相倾，音声相和，前后相随。"（《道德经》第二章）孔子主张："欲速则不达""过犹不及"。《左传·昭公·昭公二十年》也提出："宽以济猛，猛以济宽，政是以和。"这些都体现了讲辩证的思维方式。三是尚体悟。孔子说："不愤不启，不悱不发，举一隅不以三隅反，则不复也。"（《论语·述而》）庄子说："蹄者所以在兔，得兔而忘蹄。言者所以在意，得意而忘言。"（《庄子·外物》）禅宗也强调"悟"，六祖慧能就认为："若识自性，一悟即至佛地。"（《坛经》）理学大师朱熹说："至于用力之久，而一旦豁然贯通焉，则众物之表里精粗无不到，而吾心之全体大用无不明矣。此谓物格，此谓知之至也。"（朱熹《大学章句》）这些论述都可看出中国古人对体悟的崇尚。

二、制度层面文化

制度层面文化代表着人类构建社会关系、规范社会行为的制度成果。中华文明历史悠久，传统文化经历了原始社会、奴隶社会和封建社会三种社会形态，在不同的历史时期产生了不同的制度文化，为形成有序的社会关系、良好的社会风尚提供了制度保障。下面择要列举三个方面的制度层面文化成果。

（一）政治制度

政治制度是特定社会统治阶级通过组织政权以实现其政治统治的原则和方式。中国古代在国家管理体制、政府机构设置、政策实行措施等方面都探索形成了一些具有民族特色的政治制度，涉及行政、司法、监察、选官、教育、财政等国家治理的各个方面。比如中国古代的选官制度，秦朝以前主要采用"世卿世禄"制度，后来逐步引入军功爵制。汉代采用察举制与征辟制，在选拔官吏的科学性、合理性上有所进步。魏晋南北朝实行九品中正制，一度造成上品无寒门，下品无士族（《晋书·刘毅传》）的现象，严重阻碍了人才的科学选拔。隋唐开始实行科举制度，通过考试选拔官吏。科举制度在明清时期走入歧途，产生很多弊端而备受诟病，但它相较以前的选官制度更加公平公正，打破了阶级壁垒，为国家选拔了大量品学兼优的人才，促进了社会进步。再比如监察制度，据《周礼》记载，中国早在周代便设有治贪促廉的监察官，秦汉以来历朝历代都设有相应的监察机构，形成了较为完备的监察制度，一定程度上减少了贪腐行为，促进了政治清明。科举制度和监察制度等传统政治制度，虽然是阶级社会实行政治统治的工具，但它们的产生和实行一定程度上促进了社会发展，即使对于今天的制度建设依然具有积极的借鉴意义。

（二）社会礼仪

中国素有"文明古国""礼仪之邦"的美誉。孔子说："不学礼，无以立。"（《论语》）《左传》中说："夫礼，天之经也，地之义也，民之行也。"《资治通鉴》中说："夫礼，辨贵贱，序亲疏，裁群物，制庶事。非名不著，非器不形。名以命之，器以别之，然后上下粲然有伦，此礼之大经也。"可见中国古人对"礼仪"的重视程度。中国上古时期有"礼仪三百，威仪三千"（《礼记·中庸》），周代"礼仪"更加受到重视，形成了内容丰富的礼仪文化，成为人们家庭生活、社会交往乃至政治活动中言行举止的准则规范，发挥着极为重要的作用。儒家经典《仪礼》《礼记》《周礼》，称为"三礼"，三者记录保存了许多周代的礼仪，是中国古代礼仪制度的蓝本和百科全书，对后世影响极大。在具体礼仪方面，中国古代有"五礼"之说，以祭祀之事为吉礼、丧葬之事为凶礼、军旅之事为军礼、宾客之事为宾礼、冠婚之事为嘉礼，基本规范了社会活动的方方面面，成为中国古代礼仪的基本架构。在中国古代，礼仪是从西周封建宗法制度中演化出来的，是维护尊卑等级制度的一种工具。到了近代，它的社会危害性日益明显，成为新文化运动猛烈批判的对象，传统礼仪也逐渐被现代礼仪所取代。但传统礼仪表现了中国古代社会礼贤下士、尊老爱幼、谦逊文雅的社会风尚，体现出的人际和睦、社会和谐的价值追求，依然具有当代价值。

（三）民俗节日

民俗节日是民族文化的重要组成部分，是民族的一种生存生活方式，也是一个民族的重要文化标识。中国历史悠久、民族众多、疆域辽阔，既形成了中华民族共有的民俗节日，也形成了具有少数民族特色的民俗节日；既形成了全国性的民俗节日，也形成地方性的民俗节日。它们共同构成了我国千姿百态、丰富多彩的民俗节日文化。我国在长期的历史发展中，形成了以春节、元宵节、清明节、端午节、七夕节、中秋节、重阳节等为代表的传统节日，每个节日都代表了各具特色的传统风俗。

描写春节的诗《元日》写道："爆竹声中一岁除，春风送暖入屠苏。千门万户瞳瞳日，总把新桃换旧符。"描写重阳节的诗《九月九日忆山东兄弟》写道："独在异乡为异客，每逢佳节倍思亲。遥知兄弟登高处，遍插茱萸少一人。"这些著名诗句生动形象地反映了中国传统节日的独特风俗和独特魅力。除了上述影响范围较大的民俗节日外，我国一些少数民族也有着自己独特的节日，如彝族的火把节、藏族的燃灯节、高山族的丰收节、苗族的开秧节、壮族的牛魂节、傣族的泼水节、蒙古族的白节，等等。随着经济全球化的推进和各国文化交流的深入，传统民俗节日文化受到一定冲击，但其依然有着顽强的生命力和强大的影响力。

三、物质层面文化

物质层面文化代表着人类改造世界的物质成果。这方面的文化带有较强的生活目的性，主要是为满足人的生产生活需要而创造的物质文化。中国古代物质层面文化内容十分丰富，有学者将其分为十一类：农业与膳食，酒、茶、糖、烟，纺织与服装，建筑与家具，交通工具，冶金，玉器、漆器、瓷器，文具、印刷，乐器，武备，科学技术。下面择要列举三个方面的物质层面文化成果。

（一）历史文物

中华民族历史悠久，遗留下来的历史文物众多，它们是我们祖先辛勤劳动和聪明才智的结晶，是历史的见证、文化的范本，具有重要的历史、艺术和科学价值。我国古代流传下来的文物数量巨大、种类繁多，通常被分为两类：一类是不可移动文物，如古遗址、古建筑、古墓葬、石窟寺等，这其中的一些重要古迹，已经被联合国教科文组织确定为世界文化遗产。截至 2020 年，中国世界遗产数达 55 处，数量位居世界第一，包括长城、故宫、颐和园、敦煌莫高窟、秦始皇陵及兵马俑坑、布达拉宫、龙门石窟、云冈石窟、丽江古城、丝绸之路、中国大运河等。还有可移动文物，如历代的石器、玉器、陶器、瓷器、金属器、石刻、玺印、书画、文献、拓片、笔墨纸砚等，这一类文物的数量更为巨大，诸如后母戊鼎、曾侯乙编钟、四羊方尊、马踏飞燕、越王勾践剑、《富春山居图》《清明上河图》等，堪称"国宝"。近代以来，中国历史文物多灾多难，被掠夺、毁坏乃至遗失的不可胜数，造成我们民族文化的巨大损失。

（二）传统饮食

民以食为天，中华民族从用火烹制食物开始，就逐渐形成了丰富多彩的饮食文化。据学术界研究，中国古代的饮食文化产生于夏商，形成于周代。《礼记·内则》就记载了周代制作食物的多种方法，包括煎、熬、炸、炖、炙、熏烤等多种形式，显示了当时的饮食文化已经达到了较高水平。随着生产力的发展和民族的融合，秦汉、魏晋南北朝、唐、宋等时代饮食文化逐渐发展繁荣，到了明清达到鼎盛。据明清时期《宋氏养生部》《易牙遗意》《饮食辨录》《调鼎集》《随园食单》等饮食文化专著记载，明清时期的饮食种类繁多、做法精致、技术高超，达到了令人叹为观止的地步。明清以来，传统饮食有八大菜系之说，其色、香、味各有特色，是中华传统饮食文化的优秀代表。在传统饮食文化中，茶文化和酒文化历史悠久、地位独特。茶和酒既是饮品，同时又远远超出了饮品的范畴，与人的精神生活、社会生活和政治生活发生重要联系。特别是经文人雅士吟咏歌颂、提炼升华，茶和酒与传统文学艺术一样，具有了艺术的气质，成为中华优秀传统文化中别具特色的文化种类。近年来，《舌尖上的中国》系列纪录片产生巨大反响，使人们充分认识到了传统饮食的博大精深和巨大魅力。

（三）传统服饰

服饰是最直观地反映民族特征的文化形式。孔子说："微管仲，吾其被发左衽矣。"（《论语·宪问》）孔子把民族服饰的不同视为民族文化的不同，进而视为民族的不同。中国古代服饰文化有两大特点：一是历史悠久，变动不居。中国早在旧石器时代就产生了服饰文化，并随着社会的进步而不断发展。在二十五史中，有十部正史编有《舆服志》一章，详细记载了历代的车旗服饰制度，充分呈现了古代服饰的多姿多彩，是研究中国古代服饰的重要资料。另外在《西京杂记》《拾遗记》《酉阳杂俎》《炙毂子》《事物纪原》《清异录》等书中，也有许多关于中国古代服饰的记录。20世纪，著名作家沈从文著有《中国古代服饰研究》一书，研究了从旧石器时代到清末的古代服饰，并配有图像700幅，从中可以看到中国古代服饰的总体风貌。二是多姿多彩，富有特色。中国是一个统一多民族大国，因地域、气候和习俗的不同，服饰文化多姿多彩。但与世界其他民族的服饰相比，中华民族的服饰总体风格与民族气质、审美品格一致，表现出含蓄雅致、美观大方、内涵丰富的特点。虽然今天中国人的服饰文化已经发生了翻天覆地的变化，但以汉服、唐装、旗袍等为代表的传统服饰文化是一个巨大的文化宝藏，仍有着永恒的魅力。

中华优秀传统文化的内容是极为丰富的，上面仅列举了一些主要方面。除此之外，中国古代在语言文字、科学技术、中医中药、教育教学等方面都取得了巨大成就，这都是中华优秀传统文化的重要组成部分。

第三节　中华优秀传统文化的基本特征

由于所处地理条件、经济土壤和政治环境等历史条件不同，不同民族创造出了不同的文化。通过考察中华优秀传统文化的发展历程，透视中华优秀传统文化的内部构成，进行文化上的古今对比和中外对比，我们会发现中华优秀传统文化具有与其他文化不同的一些特征。这些特征不仅决定了它历史上的形态和命运，而且也关系着它在当代能否实现价值、实现什么价值以及怎样实现价值等重要问题。

一、系统性

系统是由若干要素组成的具有一定结构和功能的有机整体。从系统的观点看，世界万物无不是由若干要素组成的一个系统，无不是组成其他系统的一个要素。不同种类的文化都是一个独特的文化系统，表现出独特的系统性。中华优秀传统文化作为一个文化系统，也表现出自己的系统性特点。

（一）文化要素完备

国学大师钱穆认为，一种文化必定由七个要素构成，称为"文化七要素"，并指出："古今中外各地区、各民族一切文化内容，将逃不出这七个要素之配合。"这七个要素："一是经济，二是政治，三是科学，四是宗教，五是道德，六是文学，七是艺术"。正是这七个文化要素有机组合才构成了一个完整的文化系统。以这个标准评价，中国自从有文字记载以来，中华优秀传统文化的这七个要素都已具备。在这七个要素中，中国古代尤其在政治、道德、文学、艺术等方面水平极高，成就极大，从而大幅提升了整个文化系统的品质。

（二）文化结构稳定

中华优秀传统文化这一文化系统，由比较完备而优良的文化要素有机构成，其系统结构从一开始就表现出较强的稳定性。

①系统中起决定作用的经济土壤比较稳定。从新石器时期开始，中国就进入了农耕时代，虽然以后各代生产力不断发展，但这种以农耕经济为主的生产方式直到近代才开始逐步瓦解。

②系统中起主导作用的思想比较稳定。先秦时期，儒家是周代封建宗法制度、礼乐文化的提倡者和支持者，成为首屈一指的思想流派。汉武帝年间实行"罢黜百家，独尊儒术"政策，儒家思想开始成为中国的主导思想，这一地位直到近代才受到较大冲击。

③系统中起关键作用的政治制度比较稳定。晚清政治家谭嗣同说："二千年来之政，秦政也。"毛泽东也说过："百代都行秦政法。"封建帝制实行了两千多年，而宗法制度从西周开始一直影响到近代。

（三）文化功能强大

恩格斯说："许多人协作，许多力量结合为一个总的力量，用马克思的话来说，就造成'新的力量'，这种力量和它的一个个力量的总和有本质的差别。"

17

中华优秀传统文化作为一个文化系统，其整体功能不是各种文化要素功能的简单相加，而是产生了巨大的"整体效应"。在中华民族发展壮大的过程中，中华优秀传统文化是增强中华儿女民族身份认同的文化标识，是抵抗外敌入侵的精神支柱，是维护民族团结统一的坚强纽带，是推进国家治理的思想源泉，是促进社会稳定有序的道德基础，是滋润人民心灵世界的精神食粮。这种强大的文化功能，直到今天还在发挥着不可替代的作用。

二、连续性

中华优秀传统文化作为一个文化系统，呈现出连续性的特征。历史学家柳诒徵说："实则吾民族创造之文化，富于弹性，虽间有盛衰之判，固未尝有中绝之时。"文化系统的连续性并非普遍现象，柳诒徵指出："世界开化最早之国，曰巴比伦，曰埃及，曰印度，曰中国。比而观之，中国独寿。"实际上，人类历史上曾出现的古老优秀文明最终整体中断的，除了古巴比伦文明、古埃及文明、古印度文明外，还有玛雅文明、提奥提华坎文明、印加文明、阿兹特克文明等，古希腊罗马文明在欧洲中世纪曾一度湮灭无闻，直到文艺复兴才又重现辉煌。与这些中断的古文明比起来，中华文明表现出来的连续性确乎非常独特。

（一）源远流长

考古学家发现，中华文化早在距今数万年前的旧石器时代就出现了萌芽，到距今五六千年的新石器时代就已先后出现了仰韶文化、大汶口文化、红山文化、良渚文化等文化类型，可以说是世界上产生最早的文化。文字的发明是文化史的标志性事件。马克思认为，人类社会是"由于文字的发明及其应用于文献记录而过渡到文明时代"。在我国，很早就有"仓颉造字"的传说，而中国已知最早的成熟文字是甲骨文。自从中国文字产生之后，我们民族的历史就有了文献记载，民族的文化就被生动详细地记录在各种文献之中，它们与流传下来的各种文物共同见证了中华文化源远流长、绵延不绝的历史。

（二）历经曲折

中华文化源远流长、绵延不绝的历史并非总是高歌猛进、一帆风顺的，而是经历过许多曲折的，甚至都有中断的危险。

第一种危险是来自内部的文化劫难。秦汉之际，中华文化经历了一场大的劫难。先是秦朝政府"焚书坑儒"，"及至秦之季世，焚诗书，坑术士，六艺从此缺焉"（《史记·儒林列传》）；其后秦末汉初连年战争，造成了大量文献资料、建筑、器物等的毁灭。秦汉之后的历次国内战争，无不造成文化上的劫难。

第二种危险是来自外部的文化冲击。近代以来，西方先进的工业文化侵入中国，对中国自身落后的农耕文化产生巨大冲击，使中华文化再一次遭到了中断的危险。虽然经历了很多曲折，但由于中华儿女的坚强守护和中华文化的坚韧品质，中华文化最终总能化险为夷、渡过难关。

（三）不断发展

"江山代有才人出，各领风骚数百年。"中华文化的连续不是僵化平庸的连续，而是在漫长的历史中不断发展、高峰迭出的。以儒学为例，中国古代儒学由先秦孔子、孟子创立之后，虽在秦朝和汉初遭受打击和冷落，其后就进入了不断发展、高峰迭出的历程，先后出现了两汉经学、宋明理学、清代朴学等发展高峰。再以文学为例，从《诗经》《楚辞》开始，中国古代文学不断发展进步、开拓创新，创造出了汉赋、六朝骈文、唐诗、宋词、元曲、明清小说等一系列文学高峰，出现了屈原、司马迁、李白、杜甫、韩愈、苏轼、曹雪芹等一批又一批伟大文学家。这种不断发展、高峰迭出的连续性，表现出中华文化巨大的生命活力。

三、包容性

中华优秀传统文化能够发展不断、连绵不绝，表现出巨大生命力和创造力，与其内在的包容性密不可分。"和实生物，同则不继。"（《国语·郑语》）文化上的包容性，催生文化的生命力和创新力。中华文化的包容性，使中华文化能够在很长时间内不断发展而又高峰迭出，在世界文明体系中处于领先地位。

（一）对内的包容性

考古学发现，中国境内很多地方都有早期文化遗迹，这说明中华文化是多元发生的，是在融合多种不同文化的基础上形成的，中华文化从一开始就具有很强的包容性。先秦时期，中国出现了诸子百家争鸣的生动局面，儒、墨、道、法、名、阴阳、杂、农、兵等思想流派竞相争鸣，产生了如孔子、孟子、老子、庄子、韩非子、荀子等一批思想文化巨人。先秦诸子百家的思想争鸣，为中华文化的包容发展打下了坚实基础。汉代以来，虽然推行"罢黜百家，独尊儒术"政策，但道家、法家、阴阳家，乃至佛学思想并未受到绝对"罢黜"，而是继续产生深远影响，甚至产生了儒、释、道深度融合的情况。与思想上的包容性一样，中华文化在艺术上也表现出极大包容性。以文学为例，《诗经》开启了文学的现实主义，《楚辞》开启了文学的浪漫主义，这两种风格在文学史上相互激荡，碰撞出无数耀眼的火花。没有这种艺术风格的包容性，就难以出现如李白、杜甫、白居易、苏轼、曹雪芹等风格各异的文学巨匠。

（二）对外的包容性

自古以来，中华文化对外来文化都有种兼容并蓄的包容精神。对外的包容性首先表现在对周边少数民族文化的吸纳融合上。近代思想家梁启超说："华夏民族，非一族所成。太古以来，诸族错居，接触交通，各去小异而大同，渐化合以成一族之形，后世所谓诸夏是也。"中华民族的疆域由小而大，人数由少而多，这个过程就是中原"诸夏"在文化上不断融合吸纳周边"蛮夷文化"，化"外"为"内"的过程。这种情况最典型的是东晋和南北朝时期的文化融合。西晋末年，北方少数民族大举入主中原，胡汉文化激荡融合，中原汉文化包容吸纳了来自北方草原的胡文化。"野蛮但充满生气的北族精神，给高雅温文却因束缚于礼教而冷淡僵硬的中国文化带来了新鲜的空气。"魏晋南北朝时期对外来文化的吸纳融合，为璀璨繁荣的盛唐文化打下了基础。对外的包容性还表现在中华文化对佛学的吸纳创新上。中华文化历史上吸纳过许多外来宗教，而对佛学的吸纳创新最为成功。东汉明帝时期佛学开始传入中国，其后在中华大地上开花结果，甚至出现"南朝四百八十寺，多少楼台烟雨中"（杜牧《江南春》）的盛况。佛学的融入，对中国的语言、哲学、文学、建筑、艺术等文化样式产生了深刻影响。

四、民族性

文化是民族的主要标识，不同民族拥有不同的文化。现代哲学家张岱年认为："文化的民族差异可以从人与自然的关系、民族关系、家庭关系、宗教关系等方面来分析。"中华优秀传统文化在处理人与神的关系、人与自然的关系、人与人的关系和民族与民族的关系等方面，表现出下面几个显著特点。

（一）尊人远神

中国在远古时期也产生过原始宗教和鬼神崇拜。殷商时期，"殷人尊神，率民以事神，先鬼而后礼"（《礼记·表记》）。西周代殷，其创立者吸取殷商灭亡的教训，由尊"神"转为"尊人"。《左传·庄公·庄公三十二年》中说："国将兴，听于民；将亡，听于神。"孔子也说："务民之义，敬鬼神而远之，可谓知矣。"（《论语·雍也》）这些都明确表现出重人轻神的态度。敬鬼神而远之,尊人民而近之,是西周之后的主流思想。虽然魏晋之后道教、佛教兴盛,但儒家思想一直是主流意识形态,中国始终没有出现全民性的宗教。中华优秀传统文化与世界上的其他文化,特别是基督教文化和伊斯兰教文化相比,这种尊人远神确实是一个突出的区别。

(二)崇尚自然

在处理人与自然关系的问题上,中国文化比较重视人与自然的和谐,而西方文化则强调征服自然、战胜自然。这种崇尚自然,首先表现为热爱自然。孔子说:"知者乐水,仁者乐山。"(《论语·雍也》)陶渊明说:"少无适俗韵,性本爱丘山。"(《归园田居》)李白说:"五岳寻仙不辞远,一生好入名山游。"(《庐山谣寄卢侍御虚舟》)这些都表现出对自然的热爱。崇尚自然,还表现为保护自然。孟子说:"不违农时,谷不可胜食也;数罟不入洿池,鱼鳖不可胜食也;斧斤以时入山林,材木不可胜用也。"(《孟子·梁惠王上》)荀子也说:"草木荣华滋硕之时,则斧斤不入山林,不夭其生,不绝其长也。"(《荀子·王制》)为了保护自然,中国古代甚至还设立了专门保护自然的官员,即所谓"薮之薪蒸,虞候守之"(《左传·昭公·昭公二十年》)。

(三)注重道义

在处理人与人的关系上,中华优秀传统文化表现出注重道义的特点。中国人常说"见义勇为""仗义执言""义不容辞""舍生取义"等,都表现出对道义的重视。注重道义,首先是在与"利"的对比中做出的选择。"天下熙熙,皆为利来;天下攘攘,皆为利往。"(《史记·货殖列传》)但取利要有道,所以孔子说:"不义而富且贵,于我如浮云。"(《论语·述而》)清代思想家颜元批评"义"与"利"的分裂,主张"正其谊以谋其利,明其道而计其功"(《四书正误》卷一),但也是把道义放在很重要的位置。注重道义,还是在与"力"的对比中做出的选择。孟子说:"以力服人者,非心服也,力不赡也;以德服人者,中心悦而诚服也。"(《孟子·公孙丑上》)所以他赞赏"居仁由义"而能"威武不能屈"的大丈夫。当然,中华优秀传统文化也不反对使用"力",但也要师出有名、道义为先。

(四)追求和谐

"礼之用,和为贵。"(《论语·学而》)中华民族自古以来是一个爱好和平的民族,追求"百姓昭明,协和万邦"(《尚书·尧典》)的理想。"和"可以说是中华民族在处理民族与民族、国与国的关系时的一种高尚的追求。春秋战国时期，各诸侯国"争地以战，杀人盈野；争城以战，杀人盈城"（《孟子·离娄上》），给国家和百姓造成了深重灾难，因此许多思想家极力反对战争、呼吁和平。儒家提倡"远人不服，则修文德以来之"（《论语·季氏》）。墨家主张"非攻"，反对一切侵略战争。道家不崇尚武力，老子说："夫兵者，不祥之器，物或恶之，故有道者不处。"（《道德经》第三十一章）这种追求民族间、国家间和谐的思想，也充分体现在了实际中。汉唐通过"和亲"加强与邻邦的友好关系，明代郑和七下西洋对沿途国家秋毫无犯，就是这种思想的生动反映。

五、时代性

文化不仅有中外之别，而且有古今之别。毛泽东指出："一定的文化（当作观念形态的文化）是一定社会的政治和经济的反映，又给予伟大影响和作用于一定社会的政治和经济。"不同的文化产生于不同的时代，因而表现出不同的时代性。中华优秀传统文化产生、形成、繁荣、发展于中国古代，从经济土壤上说，主要是一种农耕文化；从政治环境上说，主要是一种封建文化。

（一）农耕文化

黄河、长江流域优越的自然地理条件，孕育了中华民族以农耕经济为主、以游牧经济为辅的经济形态，中华文化可以说是一种典型的农耕文化。相比而言，西方文化主要是一种海洋商业文化。长期的农业生产，使中华文化具备一些有别于海洋商业文明的特征。

1. 重农轻商

先秦诸子乃至后来的诸多思想家，包括孟子、韩非子、贾谊、晁错、范仲淹等在内，都有重农轻商的治国理念。士、农、工、商四个阶层，"农"在"商"之前，更受人们尊重。秦汉以来，历朝历代几乎都出台了重农轻商的国家政策。

2. 勤俭务实

农业生产只有勤劳才能收获，因为艰辛所以节俭。"锄禾日当午，汗滴禾下土。谁知盘中餐，粒粒皆辛苦。"（李绅《悯农》）这一千古传诵的诗篇，生动而深刻地反映了农业生产中的艰辛不易，以及对勤劳节俭的赞扬。

3. 安土重迁

人们的衣食住行都寄托在土地上，自然而然地产生安土重迁的倾向。《汉书·元帝纪》中说："安土重迁，黎民之性。"实际上，只有农耕文化下的民族才安土重迁，海洋商业文化下的民族则易于、乐于迁徙。

上述农耕文化的几个特征，既是一种优点，同时也带来一些弊端。重农轻商，造成中国经济长期局限于农业经济，阻碍了工商业的发展；勤俭务实，造成中国古代对科学研究的轻视，习惯把一切不助于农业生产的科学技术视为"奇技淫巧"；安土重迁，不利于人口流动，造成了一定程度上的经济封闭和思想僵化。

（二）封建文化

历史学家翦伯赞认为，从西周开始，"中国的历史就进入了封建社会的初级阶段，出现了封建领主制的国家。"从时间上看，中华文化虽发源很早，但其发展和繁荣期无疑处于西周之后的封建社会，属于封建社会的意识形态，并服务于封建领主或地主阶级的统治。中国古代封建政治有两大特征：一是宗法主义，二是专制主义。西周初年，统治者建立了以血亲关系为基础的宗法制度，成为之后几千年中国政治、社会伦理的基础。中国古代"君为臣纲，父为子纲，夫为妻纲"的"三纲"思想，"饿死事小，失节事大"的"节烈"思想，无不是宗法主义的体现。毛泽东指出："这四种权力——政权、族权、神权、夫权，代表了全部封建宗法的思想和制度，是束缚中国人民特别是农民的四条极大的绳索。"从秦始皇建立封建帝制到清朝政权覆亡，封建君主专制政体在中国实行了两千多年。作为国家治理思想的法家思想和儒家思想，都是为君主专制服务的意识形态。大多读书人的最高理想是"学成文武艺，货与帝王家""朝为田舍郎，暮登天子堂"。封建统治者还实行文化专制，甚至大兴"文字狱"。中华优秀传统文化所处的独特政治环境，决定了其无可避免地带有浓郁的宗法主义和专制主义特征。

"天下大势，浩浩荡荡；顺之者昌，逆之者亡。"农业文明时代的大刀长矛抵挡不了工业文明时代的坚船利炮，封建主义时代的"宗法"和"专制"也比不上资本主义时代的"民主"和"科学"。因此，中华优秀传统文化由于时代局限性，受到了近代西方文化的猛烈冲击，也受到了近代一些知识分子的强烈质疑和批判。但是，中华优秀传统文化的这种时代的局限性，掩盖不了其系统性、连续性、包容性、民族性等优秀品质，因此不能否认它的重要历史作用，更不能否认它的巨大当代价值。恰恰相反，中华优秀传统文化所包含的精神、制度、物质三个层面的基本内容，所具有的系统性、连续性、包容性、民族性、时代性的主要特征，使它具有巨大的当代价值，对于当代中国乃至世界都具有重要意义。

第四节　中华优秀传统文化的精神特质

文化的基本精神就是文化发展过程中的内在动力，也是指导民族文化不断前进的基本思想。中国传统文化在悠久的历史发展进程中，积淀和形成了自己独特而伟大的民族性格和民族精神，概括起来主要有以下四个方面：天人合一、贵和持中、尊亲崇德、刚健自强。

一、天人合一

所谓"合一"指相互依存、对立统一。中国传统文化基本精神之一的"天人合一"，是中国人处理人与自然关系时所秉持的基本思想，也是一种关于人、人生理想的最高觉悟与境界。天人合一思想在春秋时期就已经出现了，《易传》中说太极生两仪是万物的根源。《序卦》中说，"有天地然后有万物，有万物然后有男女，有男女然后有夫妇"，就是肯定了人类是自然界的产物，是自然界的一部分。战国时期，儒家孟子的"天"主要是指道德之天，他的"天人合一"思想讲的是人与义理之天的合一。汉代，"天人合一"思想在董仲舒那里演变为天人感应论，提出"人副天数"说，鼓吹"以类合之，天人一也"（《春秋繁露·阴阳义》），"人之（为）人本于天"（《春秋繁露·为人者天》）。所以，人的一切言行都应遵从天意，凡有不合天意者，天都会"出灾害以谴告之"。这样，在董仲舒这里，孟子的"义理之天"成了"意志之天"，且具有了主宰人间吉凶赏惩的属性。

宋明时期，儒家"天人合一"思想发展到巅峰，成为社会的主导文化思潮。北宋思想家张载是中国文化史上明确提出"天人合一"命题的第一人。他在《正蒙·乾称篇》中说："儒者则因明致诚，因诚致明，故天人合一。"由此出发，凡能体悟到人与人之间、人与物之间有息息相通、血肉相连的内在关系的人，便必然能达到"民吾同胞，物吾与也"的境界。宋代哲人突出强调了"天人合一"是依靠道德修养和直觉达到的精神境界。所以"天人合一"不仅包括了人与万物的一体性，还包括了人与人的一体性。

明清之际，"天人合一"的思想式微，明末清初思想家王夫之虽多有"天人合一"之说，但其观点已包含了浓厚的类似西方主客二分的思想。

就理论实质而言，中国传统文化中的"天人合一"思想是关于人与自然的统一问题，充分显示了中国古代思想家对主客体之间、主观能动性与客观规律性之间关系的辩证思考。但实际上，中国传统的"天人合一"的思想，其重点不在说明人与自然的关系，而是重在强调"合一""一体"，而不注重主客之分，不重视认识论。它只是一般性地为二者间的和谐相处提供了本体论上的根据，还没有为如何做到人与自然和谐相处找到一种具体途径及其理论依据。

二、贵和持中

中国传统文化的基本精神还包括了"贵和""持中"的思想。注重和谐，坚持中庸，和为贵，追求人自身、人与人、天与人的和谐。"中""和"思想在中国文化中占有重要地位，产生了巨大而深远的影响。

"和"的思想至迟在春秋时期就已产生，孔子对"和"给予很高的评价。他把对待"和"的态度作为区分"小人"与"君子"的标准："君子和而不同，小人同而不和。"（《论语·子路》）老子也提出："道生一，一生二，二生三，三生万物。万物负阴而抱阳，冲气以为和。"（《道德经》第四十二章）阴阳相互作用而构成"和"，这是宇宙万物的本质。在此基础上，先秦思想家们把"和"与"合"结合起来。随着"和合"观念的形成，中国文化经由春秋战国的"百家争鸣"，逐渐"和合"形成了儒家和道家两大学派。东汉至隋唐时期，又以"和"为贵的精神，接纳并改造了佛教。

与"贵和"思想联系在一起的是"尚中"，"和"是中国文化所追求的一种状态、一种理想境界。而达到"和"的手段与途径则是"持中"，这个"中"，是指事物的"度"，是恰如其分，不偏不倚，即"中庸之道，不偏不倚"。儒家极为重视"和"与"中"。《中庸》云："喜怒哀乐之未发，谓之中；发而皆中节，谓之和。中也者，天下之大本也；和也者，天下之达道也。""中"与"和"相辅相成，恰当运用，就能达到理想状态。所以，守中，不走极端，成为中国人固守的人生信条。

中庸之道被后世儒家进一步概括为世界的普遍规律，成为一种基本的处世之道，由此也就塑造了中国人含蓄、内倾、稳健、老成的独特性格，使得中国人十分注重和谐局面的实现和保持。这对于民族精神的凝聚和扩展以及统一的多民族政权的维护，无疑起着积极作用。

三、尊亲崇德

中国幅员辽阔，民族众多，尊亲崇德是维系国家内部各阶层成员和谐关系的主要精神纽带。它有效地把人们固定在家庭、宗族之中，并移孝于忠，家国一体，使宗法制度把中国政治权力统治与血亲道德制约紧密结合起来。

尊亲的具体要求就是讲孝悌，"百善孝为先"。孝是"善事父母"；悌指"敬爱兄长"，孝悌之心可以推而广之，由尽孝而尽忠，由敬兄而敬长。家庭血缘亲情的进一步放大，可以作为社会一般成员之间和睦相处的伦理准则。在中国封建社会，"孝"不仅是家的核心，同时，"孝"与"忠"紧密联系，高度统一。在维护宗法制度方面，"家"与"国"，"孝"与"忠"看似是不同层次、不同概念的两对范畴，却绝对统一起来，绝对一致：因为"家"是"国"的基础，"国"是"家"的延伸。所以，不但要孝敬父母，还要忠于君主。

崇德就是"三不朽"，即立德、立功、立言。《左传·襄公·襄公二十四年》言："太上有立德，其次有立功，其次有立言。虽久不废，此之谓不朽。"中国传统文化中，"德"的内涵十分丰富，如仁义礼智信，温良恭俭让，礼义廉耻，忠孝节义，等等。孟子云："富贵不能淫，贫贱不能移，威武不能屈。"道德升华和人格完善必须通过"正心"和"修身"来实现。孔子弟子曾参所作的《大学》云："欲治其国者，先齐其家；欲齐其家者，先修其身；欲修其身者，先正其心。"只有做到这些，才能做到"三不朽"。在"三不朽"中，以"立德"最难能可贵，它是中国人超越生命价值的永恒追求，也是成就中国人高尚人格的根本所在。要建功立业，就必须加强道德修养，具备世人推崇的高风亮节。

四、刚健自强

《周易》云："天行健，君子以自强不息。"健，是刚健、刚强不屈的意思；自强不息，是积极向上、永不停止的意思。刚健有为、自强不息的精神贯穿了整个中国历史的进程。

《论语·子罕》云："三军可夺帅也，匹夫不可夺志也。"王阳明在《教条示龙场诸生》也说："志不立，天下无可成之事。""志"，即崇高理想，是人自强不息的精神动力。立定高远之志后，贵在刻苦努力、坚持不懈，也就是《孟子》中所说的："天将降大任于斯人也，必先苦其心志，劳其筋骨，饿其体肤，空乏其身，行拂乱其所为。"只有付出超乎常人的辛劳，才能成就非凡之事业，实现人生的理想目标，达到人生的理想境界。追求成功，必须具备在逆境中依然奋斗不止的精神。

中国历史上，诸如文王、仲尼、屈原、孙子、司马迁等都遭遇了不同的苦难，但最终都在不同领域有所作为，都体现出逆境中自强不息的精神。

第二章 中华优秀传统文化的逻辑进程

中华优秀传统文化是中华民族的精神命脉，它不仅有利于推进国家治理体系和治理能力现代化，有利于培育和弘扬社会主义核心价值观，还有利于化解当前人类面临的全球性问题。当前，我国社会主义建设进入新时代，传统文化所依存的经济基础早已不复存在，传统意识形态与当代社会价值观的冲突日益凸显。本章分为中华优秀传统文化产生的背景、中华优秀传统文化的发展历程、中华优秀传统文化的逻辑展开三部分。主要内容包括：中华优秀传统文化成长的地理环境、中华优秀传统文化的经济基础、中华优秀传统文化的社会背景等方面。

第一节 中华优秀传统文化产生的背景

文化说到底，就是人类为满足自身需要而在认识世界、改造世界的过程中所形成的一切物质财富和精神财富的总和。人类文化既具有其特有的社会属性，又具有不可否定的自然属性。文化之所以具有自然属性，除了因为人类自身首先也是自然物，人也是自然界长期发展的产物之外，还因为人类文化的产生、成长、演变都离不开一定的自然地理环境，尤其是在人类的早期，由于缺乏对自然真正深入正确的了解，自然界对人类文化的影响就更是明显、直接和重大。正如不同的气候、水土适合不同的作物生长一样，不同的自然环境也会孕育、产生不同的文化，如海洋文化、大陆文化、山地文化、平原文化、坝子文化、高原文化、游牧文化、农耕文化等的划分，都说明先天的自然条件对文化特点的影响。正如古语所说，"一方水土养一方人""靠山吃山，靠水吃水""橘生淮南则为橘，橘生淮北则为枳"。当然，我们又必须看到，人类并不是完全消极被动地受制于自然。人类自产生以来，就不断地发挥自己特有的主观能动性来认识自然和改造自然，因此，我们也不能把自然环境对人类文化的影响无限夸大，甚至上升到地理环境决定论的程度。但自然地理环境对人类文化的影响，却是一个客观存在的事实。

作为世界文化中颇具特色且延续至今从未中断的中国文化，是人类文化的重要组成部分，是世界非西方文化的主要代表之一。中国传统文化的早期孕育也同样必须以特定的自然地理环境为天然前提，而且在其后的发展过程中，形成了与其他地区、民族的文化不同的鲜明个性。

一、中华优秀传统文化成长的地理环境

（一）中国地理环境的特点

中国古代自然地理环境大致有以下一些特点。

1. 相对的独立封闭性

中国地处亚洲大陆东部、太平洋西岸。除东部及东南面向茫茫的海洋，形成了大陆与海洋的天然阻隔，东北、北部、西北、西部、西南都与欧亚大陆连接，但被雪原、河流、沙漠或高原峻岭所阻隔，形成了一个相对封闭的地理单元。具体来说，中国西北面是被称为亚洲中轴的帕米尔高原以及高原以外茫茫无际的沙漠戈壁，它向四方延伸出几条大山脉，把亚洲分为东亚、西亚、南亚和北亚，这里高山峻岭，山路崎岖，虽有一线可通，且汉代已开通了丝绸之路，然而这干寒荒凉之地，在古代却是难以逾越的；中国西南面是不可逾越的世界屋脊——青藏高原和艰险难行的横断山脉，横断山脉及其江河、热带丛林形成了中国与南亚、东南亚的天然阻隔；中国正北面是广漠无垠的草原和沙漠；中国东南面为一望无际、难以逾越的太平洋。这些天然的地理障碍把古代中国与外部世界隔离，形成了相对封闭隔绝的自然环境，也使中国在世界区域范围内成为一个相对独立封闭的地理单元。

2. 地势西高东低

中国地势总的走向是西高东低，依次递减，自西向东呈现出三大阶梯式的地形地貌。青藏高原为第一阶梯，平均海拔在 4000 米以上，号称"世界屋脊"；青藏高原以北、以东和东南一带为第二阶梯，海拔在 1000 ~ 2000 米，蒙古高原、黄土高原、云贵高原、塔里木盆地、准噶尔盆地、四川盆地相间分布，地形复杂多样；第三阶梯主要为平原，平均海拔在 500 米以下。东北平原、华北平原、黄淮平原、长江中下游平原及江南红土盆地都分布在这一地区。

3. 季风气候显著

各地干湿冷暖差别很大。就干湿度而言，中国大陆以距离海洋远近形成了从东南向西北由湿润、半干旱到干旱的逐渐递变。东部阶梯除华北以外一般湿润多雨，中部阶梯除云贵高原以外一般为半干旱、干旱气候，西北内陆则为最干旱地区。就冷暖度而言，中国大陆由南向北以名山大川为天然分界，呈现出热带、亚热带、暖温带、中温带、寒温带的渐次递变。具体说，滇南一线以南为热带，以北至秦岭、淮河一线为亚热带，以北至长城一线为暖温带，长城以北、以西为中温带，大兴安岭、黑龙江一带为寒温带。

（二）地理环境对中华优秀传统文化的影响

地理环境又称自然环境，是指人类生产生活的物质基础和生存空间的自然地理要素。人类生存不能脱离地理环境的空间，自然环境给人类文化创造活动提供了特定的舞台，它是人类文化赖以产生的基石，是人类历史发生、发展的前提之一。地理环境对中国传统文化产生了巨大的影响。

①优越的地理环境为中国文化的形成、延续提供了先天的物质条件。一方面，在新石器时代，由于黄河中下游地区气候温和，雨量充沛，黄土高原和由黄土冲击形成的平原土壤疏松，这样的地理环境极适合开垦耕种和农作物的生长以及人类生存。因此，黄河中下游一带就成为中华先民生存和繁衍最适宜的地区。根据文献记载，夏、商、周的中心地区是今天的河南省中部和北部、陕西省南部、陕西省的关中盆地、河北省西南部和山东省西部，这些地区正是当时自然环境最优越的地区。另一方面，中华文化虽然起源于黄河流域，但文化中心的变迁有着极大的回旋舞台，受到异族侵袭后，政治中心可以游刃有余地移动。中国境内先后形成过七大古都，即安阳、西安、洛阳、开封、南京、杭州、北京。古都位置的更替迁移，是文化中心转移的绝好地理表征。中国文化不仅因古都转移而得以在广阔的疆域内传播延续，同样随着历代王朝的开疆拓土，大量汉族人口不断从黄河流域迁往南方、西南、西北、东北各地，文化上的优势，使这些移民最终成为迁入地区的主体人口，他们所传带的文化自然也成为迁入地的主体文化，使中国传统文化能辐射、传播、延续到更为辽阔的疆域。中华大地的经济中心也曾有逐步南移的变迁轨迹。辽阔的地域使我们的中华文化没有像世界历史上的古印度、古埃及、古希腊及古罗马文化那样因外族入侵而中断，中国文明历经五千年，延续至今。

②优越的地理环境对中国文化多样性的影响。中国传统文化是在地形复杂、气候多样的环境中形成的一种内生文化。客观上中国存在众多地理条件相对独

特的区域，如黄土高原、河西走廊、西北内陆、四川盆地、青藏高原、云贵高原、山东丘陵、黄淮海平原、东北平原与山地、内蒙古草原、长江中下游平原、东南低山丘陵、岭南地区等，各区域内部优越的自然地理条件，使生息于其中的汉民族率先发展了自己的文化，随后便不断融合境内其他的地区及民族的文化，各少数民族如匈奴、鲜卑、羯、契丹、女真等最终自觉或不自觉地接受了中华文化并融入其血脉之中，没有这种融合，就没有中华文化的博大精深。所以历史上形成了多民族共居，多元文化类型共融的多元一体格局。中国复杂的地形和多样的气候，形成了各具特色的地缘文化和区域思想观念，早在先秦时代就形成了各具特色且对后世影响深远的齐鲁文化、燕赵文化、三秦文化、荆楚文化、吴越文化、巴蜀文化及岭南文化等。中国的自然环境很容易使一些地理条件相对较好的区域形成若干经济、政治中心。中原地区由于对农业的重视而养成重土安迁的观念；东南沿海一带由于耕地有限，重视海外贸易，思想观念开放；西北的绿洲地区因土地限制和地处交通要道，商业发达较早；北方游牧民族由于环境恶劣，不得不以频繁的迁徙和战争来转移环境的压力。这使得文化呈现出丰富的多元状态，以及出现地域文化发展的不平衡性，产生了不同的经济圈。早在1933年我国学者胡焕庸提出自东北的黑河至西南的腾冲画一条直线，把中国分为东南和西北两个部分，直线东南为南方，占地面积为42.9%，人口占全国总数的94.4%；直线西北为北方，占地面积为57.1%，人口仅占5.6%。这便是国际学术界著名的"胡焕庸线"。唐宋以来的千年历史证明，基本情况大致如此。

③优越的地理环境对中国文化的开放与封闭的影响。中国自然条件优越，完全可以自给自足，无求于人，再加上早熟的农业文明，中国在西方近代文明兴起以前成了当时东亚乃至全世界最强大、最富有的国家，这使得中国人逐渐形成了自我中心主义。中国独特的自然环境，使中国历史上长期缺乏开放的动力，有着中国地理环境的大陆整体性特点，这决定了中国文化自成体系、独立发展的道路，形成了中国文化的"大一统"性。由于这种独立的、一脉相承的发展系统，以及长久以来其文化的总体水平明显高于周边地区，我们中国人把地处中原，用黄河、长江水滋润的这片沃土视作唯一拥有高度文明的"化内之区"，而把周边及远方看成荒僻野蛮的"化外之地"。久而久之，这种观念便升华为一种盲目自大的"世界中心"意识，自认为占据世界主体地位，并处于地理及文化上的中心，不愿主动与外部世界打交道。中国历史上，虽有张骞开辟"丝绸之路"、郑和七下西洋的壮举，但大多数朝代基本上都奉行闭关自守的对外政策，与外部世界交往较少，到了近代更是闭关锁国。由于中国传统文

化的保守性及封闭性，中国在近代没能及时地吸收外来的优秀文化，导致中国近代历史饱受屈辱。

二、中华优秀传统文化发展的经济基础

农耕经济是中国古代社会最基本的生产经济形态，农业给古老的中华民族提供了基本的衣食之源，创造了相应的文化环境，规定了特定的政治道路，影响了中国传统畜牧业、手工业和商业的发展。因此，农业是中国传统文化最深厚的经济基础。

（一）农业的起源

关于农业的起源，虽然我国古籍中保留了种种传说，如《周易》中记载了神农氏"斫木为耜，揉木为耒，耒耜之利，以教天下"的伟大发明；《史记》中记载了黄帝"时播百谷草木，淳化鸟兽虫蛾"的事迹，但是农业的发明并不是某个地区、某一两个英雄人物的功劳，而是广大劳动人民一起劳动的结果。新石器时期的仰韶文化和龙山文化，就展现了中华民族从渔猎向农耕过渡的历史风貌；屈家岭文化以及钱塘江流域的河姆渡文化，也显示了先民辛勤耕耘、繁衍生息的时代痕迹；黄河中下游一带的中原先民是粟、黍等农作物栽培的发明者；长江中下游一带的南方先民则是水田稻农业的发明者。古代诗歌"日出而作，日入而息，凿井而饮，耕田而食"就反映了夏、商、周三代先民从事农业生产的繁忙景象。农耕业在三代也已经成为中原华夏民族社会生活资料的主要来源。

（二）农耕文明的飞跃

随着历史的发展，以及夏、商、周三代的经验积累，中国农业生产实现了六次较大的历史飞跃。

第一次飞跃是在春秋战国时期，主要表现为铁制农具的广泛使用、牛耕的广泛推广、水利灌溉工程的大力兴修、耕地的大量垦辟，使得农耕区域向土肥水美的长江流域扩展，出现了小农经济。

第二次飞跃是在秦汉时期，耧车、代田法的出现以及以铁犁为代表的生产工具的改进，大大提高了生产效率和生产效益，促使农耕向西北方向扩展，江淮之间、关中也出现了大大小小的灌溉区，全国垦田面积达到 800 万顷，人口达到 5900 万人。

第三次飞跃出现在魏晋南北朝时期，由于北方战乱，战火的蹂躏使黄河流域的农业生态环境不断恶化，迫使中原广大的优秀农耕男女大批向南迁移，为

31

南方的农业带去先进的方法，南方农业得到迅速的发展，长江以南、五岭以北以及巴蜀一带逐渐成为我国重要的农业区。

第四次飞跃是在隋唐时期，南方优良的自然气候条件和生态环境是农耕经济发展的天然动力，中国农业经济中心开始移向长江中下游，长江中下游地区迅速成为京都及边防粮食和布帛的主要供应地，也逐渐成为中央政府的主要财政来源地，所谓"天下以江淮为国命"。

第五次、第六次飞跃出现在唐宋时期。唐宋以来，以筒车、曲辕犁、梯田、施肥、套种、育种、园艺、农书等为代表的工具、工艺、技术远远走在了世界的前面。当然从这六次飞跃中我们不难看出，中国的农耕文明在慢慢地向南方转移。

（三）农耕经济对中华优秀传统文化的影响

纵观中国古代农业生产，农耕经济具有务实性、持续性、多元性和早熟性的特点。中国传统文化主要特征的形成与农耕经济的影响是分不开的。

1. 农耕经济的务实性造就了中华优秀传统文化的实际性

长期的农耕生产，形成了中华民族质朴的品格和务实的精神。中国文化的重实际而轻玄想的务实精神与农耕经济中"一分耕耘，一分收获"的生活经验有着密不可分的联系。"大人不华，君子务实"是中国贤哲们一向倡导的精神，这种精神是在中国民众从长期农业劳作中领悟到的那种利不幸至、力不虚掷、说空话无补于事、实心做事必有所获的务实作风的基础上形成的。

农耕经济的特点，很大程度上影响了中国传统文化重经验、重实用、重世俗、重当下、重长者、重祖宗、重和谐的风格。

2. 农耕经济的持续性造就了中华优秀传统文化的延续性

自夏、商、周三代以来，中国的农耕社会经历了无数次大大小小的天灾人祸的考验，如春秋战国时期、魏晋南北朝时期、辽夏金元时期是战乱和分裂较为集中的几个时期。在这些动荡的时期，中国农业始终未曾走入难以摆脱的困境，而是周而复始，不断循环，使中国农耕经济得以长期延续，造就了中国文化的持续性，保证了中国文化的延绵不断，使中国文化具有了巨大的承受力和凝聚力。

3. 农耕经济的多元性造就了中华优秀传统文化的多样性

中国疆域辽阔，有着各种不同的自然地理区域，农耕文明在各个不同区域日益发展的同时，中国北方的游牧民族也在不断地繁衍生存，这样农耕民族与游牧民族就形成了长期的对垒，这种冲突早在黄帝时期就已出现，《史记》中记载着关于黄帝"北逐荤粥"的传说。长期的对垒促进中原民族与各少数民族之间形成经济文化的互补和民族的融合，形成了中国古代不同区域多元一体的文化格局，如秦晋文化、吴越文化、齐鲁文化、楚宋文化等，使中国文化呈现出了多样性特点。

从纵的方面讲，中国农耕经济始终保留着各个历史发展阶段的经济成分；从横的方面讲，农耕经济并不仅仅以农业生产为界限，还包含着手工业、商业等多方面的经济成分；从历史发展看，中国经济在夏、商、周三代是原始协作式农业自然经济，到了秦汉至明清则为农业与家庭手工业相结合的经济，从近代始出现了农业与工商业并存的经济形态。中国古代农耕经济的多元化结构，造就了中国传统文化兼收并蓄的包容性特点。正所谓"天下百虑而一致，同归而殊途"。如春秋战国时期的诸子百家、秦汉时期的儒道融合，综汇百家，这些不同派别、不同类型思想文化的交相渗透、兼容并包、多样统一，正是中国文化有容乃大的包容性格的表现。

4. 农耕经济的早熟性造就了中华优秀传统文化的凝重性

中国农业文化成熟较早，植物从种子到种子周而复始衍化以及四时、四季循环的现象，启示了中国文化中循环论的思维方式，但是这种思维方式也长期制约着中国人的思想方法。政治方面，早在先秦时期，我国就有敬德保民、民惟邦本的思想，孟子也曾说过"民为贵，社稷次之，君为轻，是故得乎丘民而为天子"（《孟子·尽心章句下》）。这种民本思想逐渐派生成一种平均主义思想，不仅成为农民反抗压迫的思想武器，还加剧了历史动荡的恶性循环。科学技术方面，尽管中国有四大发明和一系列科学技术，但是对科技发明缺乏重视，导致这些文明始终没能成为推动社会发展的锐利武器，反而有些文明出现中断和失传的现象。

三、中华优秀传统文化根植的社会背景

人类社会遵循共同的发展规律，从原始形态向更高、更复杂的形态进化。文化间的各要素相互渗透、相互联系和相互干预，并与社会构成了统一的有机体。在漫长的历史进程中，社会结构经常处于相对稳定的状态，为中国传统文化的形成提供了重要的条件。中国传统文化的社会环境独具东方色彩，它的最大特点主要体现在以血缘为纽带的宗法制与君主专制相结合的社会伦理关系体系在传统社会发挥着极其重要的作用。

（一）血缘宗法制度

中国传统社会的血缘宗法制度是在古代社会宗族普遍存在的基础上形成的。所谓血缘宗法，就是以血缘关系为基础，在尊祖敬宗的前提下，区分尊卑长幼，规定继承秩序，确定宗族成员权利和义务的法则。

血缘宗法是以血缘为核心，以宗族为根基的一种社会制度。宗法制度是由氏族社会的父权家长制演变而来的。父系氏族公社后期，父系家长支配着家庭内部的所有财产和家庭成员，具有很高的权威，父系家长死后，他的权力和财产都需要有人来继承，于是便规定了一定的继承秩序，而一代代父系家长生前的功业和权威在其死后仍然使人敬畏，子孙后代幻想得到他们亡灵的庇佑，于是便出现了对男性祖先的崇拜。中国自夏启以子承父业建立第一个王朝——夏时起，宗法便开始萌芽，至殷商而成雏形。周朝建立后，宗法制度最终确立并逐渐形成一张庞大、复杂的血缘网络。西周时期，宗法制度确立以嫡长子继承制为基本特点的权力分配制度，它最直接的根源就是原始社会末期的父系家长制。父系嫡长子继承制是宗法制度的核心，即周王为天下大宗，由嫡长子任宗子，为王位继承者，庶子为小宗，封为诸侯，诸侯又成为其本支的大宗，其嫡长子为诸侯的继承者，其庶子为小宗。如此一级一层地推演下去形成社会阶层的宝塔结构。这就是所谓的"立嫡以长不以贤，立子以贵不以长"。这种制度不仅用血缘亲情维系了王权的威严与稳定，更有效地避免了统治阶级兄弟间为争夺权力和财产而引发的暴乱。宗法制为国家政权提供了维系统治核心的纽带，国家政权也在不断地利用和依赖着宗法制度，二者相互依赖，使国君拥有了对国家的绝对权威。但是到了春秋战国时期，由于诸侯争霸，战火连连，周天子大权岌岌可危，宗法制开始动摇，但宗法制的精神始终贯穿于整个中国古代社会，并以另外的形式顽固地存在于整个中国封建社会，这就是所谓的家族制度或者叫作宗族制度。

（二）君主专制制度

中国古代社会政治结构的另一个显著特征，就是君主专制。这种官僚体制在中国大地上存在了两千多年，开始于战国末年，完成于秦汉之际，具有起点早、以武力为先导、延续时间长的特点。司马迁说："轩辕之时，神农氏世衰，诸侯相侵伐，暴虐百姓，而神农氏弗能征。于是轩辕乃习用干戈，以征不享，诸侯咸来宾从。"（《史记》）从此，轩辕氏一发不可收拾，运用武力扫平一切障碍，成了黄帝。黄帝执政后，用武力来巩固自己的权力与地位。《史记》记载，"益干启位，启杀之""有扈氏不服，启伐之"，商朝建立之后，商王更是肆无忌惮地运用武力南征北战，开疆拓土。周王朝虽然实行分封制，但实际上也是一种专制制度。如诸侯要定期朝聘周天子，"一不朝，则贬其爵；再不朝，则削其地；三不朝，六师移之"（《孟子·告子》）。之后，秦始皇统一了六国，建立了第一个统一的中央集权的封建专制王朝。秦朝时期，中央实行三公九卿制，官员一律由皇帝任免。汉朝不仅继承了秦朝的制度，还在此基础上继续发展，形成"内朝"压外朝的格局。三国两晋南北朝时期，君权进一步加强，相权逐步削弱，确立了三省六部制。宋辽金元时期，中央集权得到了更大的发展，严厉限制、防范地方割据，军权、政权、财权、司法权全部收归于朝廷。明清时期，君主个人专权更为突出，主要表现为明朝的内阁、清朝的军机处设立。

总而言之，中国古代的血缘宗法制度、君主专制制度产生于一个特定的社会历史进程中，在人类文明迈出第一步的同时，中国政体走上了一条不同于西方的道路，形成了独具一格的政治制度。

上述这种中国古代的血缘宗法制度和君主专制制度，确保了每个社会成员都按照血缘的远近亲疏被固定在相应的社会组织环节中，名正言顺，各安其分，各司其职，个人与个人、个人与社会组织，以及各种社会组织之间大都以血缘关系为联结的天然纽带，从而形成了中国传统文化既"亲亲有爱"而又"尊卑有序"的"重亲情，重秩序"的鲜明特色，并确保了人与人、人与社会组织之间无处不在的伦理化、感情化的稳定关系。人们大都钟情于对现实生活中人际关系的把握，大都习惯于生活在温情脉脉的伦理幕纱之中。大多数思想家所主要关注的也多是正心诚意、修身做人、道德教化等直接的社会人间性问题，而对于外在自然界的种种现象以及现象背后的本质，大多缺乏探索热情。

这种血缘宗法制度和君主专制制度，对中国传统文化的形成和发展产生了巨大的作用。简而言之，主要表现在三个方面。

第一，社会结构的宗法性特征，唤醒了整个社会的血缘亲情意识，使得中华民族具有了较强的凝聚力，不仅提高了人民的道德觉悟，还增强了人与人之间的温情。但是，其也促使中国人民产生了盲目排外的心理，狭隘、自私自利的小农意识也使得中国人缺乏进取意识，容易自我满足。

第二，中国社会结构的专制性特征，造就了民族心理上的文化认同，既要忠君，又要报国，即所谓的"忠孝相通""求忠臣于孝子之门""家国同构""忠孝同义"。在君主专制的国家里，权力是物质生活的直接体现，对政治权力的谋取必然成为谋取经济利益、提高社会地位的重要途径，所以有"学而优则仕"的传统。

第三，血缘宗法制度和君主专制制度相结合，在政治上的表现形式为儒法合流，在文化上则是伦理政治化和政治伦理化的反映。用政治伦理秩序代替法律秩序，政治大于法律，伦理也大于法律，因而像西方国家"法律面前人人平等"的观念在中国古代很难找到立足之地。这种价值取向突出地表现为"内圣外王"的心态，即修身、齐家、治国、平天下的人生理想和追求。这一特点，在先秦时期就已形成，虽然以后形式上发生过变化，但还是一直延续下来。

第二节　中华优秀传统文化的发展历程

中国传统文化从夏商时期的孕育到两周时代的繁荣，再到秦汉以后的定型，经历了数千年的发展历程，呈现出一幅辉煌璀璨的文化画卷。

一、夏商时期传统文化的孕育

夏商时期是中国传统文化的孕育萌发期，这个时期最主要的是神本文化。中华文明发源于黄河流域，农耕经济是中华先民的现实选择，神农的传说和考古的发现均表明早在几千年前中国已有原始农业。农业经济的发展，使得中华民族在夏商时期便开始从"大道之行也，天下为公，选贤与能，讲信修睦，故人不独亲其亲，不独子其子……是谓大同"的原始"大同"社会进入"大道既隐，天下为家，各亲其亲，各子其子，货力为己……是谓小康"的封建私有制社会。同时与农耕经济相适应的社会组织形式发生了变化，男女的社会地位和婚姻形态发生了变化，中华民族从母系氏族社会向父系氏族社会转变，直接导致父权（夫权）家长制的产生，同时也为专制主义的萌生提供了土壤，为今后几千年中国社会秩序和政治秩序奠定了运行规则。"真正的社会单位当然是家庭……家庭变部落，部落变国家，以至于整个人类都可以视为单个家庭的逐步发展。"当家庭扩大为家族，家族扩大为宗族时，氏族部落贵族的一夫多妻推动了嫡权与族权的产生，导致了宗法制的形成、扩大甚至泛化（如长幼关系、师徒关系等），这就是家长制的社会化；同时，由于强势部落的崛起及统治，家长制也逐渐走向政治化，帝王成为人民的家长，人民成为帝王的子民，宗法制贯穿于国家政治生活中，形成了家国同构的局面，并代代相传。正如马克思在《中国革命与欧洲革命》一文中指出的"就像皇帝通常被尊为全国的君父一样，皇帝的每一个官吏也都在他所管辖的地区内被看作这种父权的代表"。夏商时期开始将"公天下"变为"家天下"，开创了中国千年世袭王朝的时代，完成了中国社会形态的第一次根本质变。

中国古代是一个典型的"礼治"社会，礼制是中国传统社会维护"家天下"的重要工具，"王者功成作乐，治定制礼"。虽说古人喜欢将礼的起源追溯到三皇五帝那里，但是具体情形不得而知。在夏商时期，礼制已经开始萌芽。司马迁在《史记·礼书》中指出："观三代损益，乃知缘人情而制礼，依人性而作仪，其所由来尚矣。"夏人也有乐，禹之乐曰《大夏》，启之乐曰《九歌》。自禹之后，他们已"大人世及以为礼"，父子相传为"世"，兄弟相继为"及"，夏人也有初步的宗法制和分封制。殷取代夏后，对夏礼进行了变革，商的宗族组织中已有"王族"和"多子族"之分，王族的宗族长是商王，多子族是王族的分支。在商人的宗庙祭祀中又增加"元示"与"二示"的区别，犹如后来的大宗与小宗。而每一代商王一般只有一个正配"先妣"可以受祭。商代的宗法制已经初具雏形，所以商的礼制比夏有所发展。

夏商时期是天神至上的时代，在思想文化上表现出浓郁的尊神重鬼的文化特色，初步奠定了传统文化思想观念的基础。《礼记·表记》曰："夏道尊命""殷人尊神，率民以事神，先鬼而后礼"。殷人观念中的神，地位最高的是"帝"或"上帝"。它统率天地间的一切物种，掌管人世间一切事务。为了听命于这个最高的统治者，按他的意图来行事，殷人经常通过卜筮来安排自己的生活行为。例如，董作宾的《殷墟文字乙编》记载，卜辞中有"乙保黍年""大不宾于帝"的记载。郭沫若的《卜辞通纂》说道："今二月帝不令雨。"可见，二月不下雨是帝的命令，饥荒出现与否也是帝的命令。尽管夏商文化以尊神重鬼为特色，但是随着人们改造自然世界能力的提高、生活经验的不断丰富、身体素质的提高，人对自己开始充满自信，理性思维开始逐渐萌芽。从《尚书》中的《虞夏书》《商书》的记载中可以看出，统治者已经懂得治国之艰难、保民之不易，因而警诫自己"无教逸欲，有邦兢兢业业"。《尚书·盘庚中》也指出："古我前后，罔不唯民之承保。后胥戚鲜，以不浮于天时。"意思是说，我们的先王，没有不顺承、安定人民的；君王清楚，大臣明白，因此没有受到天灾的惩罚。尽管殷人还是迷信上帝、天命，但一些明君贤臣在治国实践中也看到了勤政爱民的重要性，西周"明德""保民"的政治思想正是在这一基础上发展起来的。

二、两周时代传统文化的繁荣

西周的思想虽然仍旧以神权崇拜为终极依据，但是人的主体意识明显地觉醒，主要表现为忧患意识的产生、民本理念的形成和敬德思想的发扬，并巧妙地将这些纳入宗教框架中，形成了敬天、明德和保民的思想体系，基本确立了中华民族文化的基本精神。西周，人的主体意识的觉醒来源于对历史的反思，主要是殷末纣王的暴虐、社会危机的冲击和殷的灭亡促使西周的统治者，特别是文王和武王开始对王朝的兴衰进行反思和总结。《诗·大雅·文王》指出："殷之未丧师，克配上帝。"周人认为殷在失去天下之前，曾配享天命，但他们的子孙未能善始善终地持有天命。这就是一个王朝从强盛走向灭亡的原因，他们从历史中得到了"殷鉴不远"的启示，又从夏商的灭亡中得出了"天命靡常"的结论。因此，在《尚书·召诰》中召公则指出："天亦哀于四方民，其卷命用懋。王其疾敬德。"由此可见，在周人看来，天命与敬德密切相关，而敬德又与保民直接相连，因为"皇天无亲，唯德是辅；民心无常，唯惠之怀"。这就将天命和敬德集中到民心上，并将史监、殷监皆归结为民监。这种通过以史为鉴和忧患意识把敬天、明德、保民结为一体的政治思想无疑是西周先哲的伟大创造，标志着华夏文化精神传统的初步形成，开了东周理性精神的先河。

在西周时期，周公开始制礼作乐，进一步完善三代之礼，设计制定了一个庞大的文化系统，"经礼三百，威仪三千""道德仁义，非礼不成；教训正俗，非礼不备；分争辨讼，非礼不决；君臣上下，父子兄弟，非礼不定；祷祠祭祀，供给鬼神，非礼不诚不庄"。王国维说，礼是"周人为政之精髓"，是"文武周公所以治天下之精义大法"。周礼大致可以分为礼制、礼仪、礼义三大部分。在礼制方面，注入国家的官制、军制、法制、服制等皆是，主要集中在《周礼》中。"以之朝廷有礼，故官爵序也；以之田猎有礼，故戎事闲也；以之军旅有礼，故武功成也。是故，宫室得其度，量鼎得其象，未得其时，乐得其节，车得其式，鬼神得其飨，丧纪得其哀，辩说得其党，官得其体，政事得其施……凡众之动得其宜。"（《礼记·仲尼燕居》）在礼仪方面，诸如君臣间的朝觐之礼、诸侯间的聘问之礼、士大夫之间的交往之礼、乡党间的尊老之礼、贵族之间的婚冠之礼等，大多集中于《仪礼》之中。"朝觐之礼，所以明君臣之义也；聘问之礼，所以使诸侯相尊敬也；丧祭之礼，所以明臣子之恩也；乡饮酒之礼，所以明长幼之序也；婚姻之礼，所以明男女之别……"（《礼记·经解》）至于在礼义方面，《礼记》记录得最为详尽。周代之礼，为后世儒家所继承和发展，不断规范中国人的日常生活、心理思想，中国传统的礼文化开始绵延并流传至今。

东周时期是中国文化史上的第二个关键时期，成为文化发展最繁荣和最辉煌的时期。据史书记载，周共王、懿王时期，王朝力量逐渐衰落。《史记·周本纪》中曾明确记载，周懿王在位的时候，国家和王室就已经开始慢慢由盛转衰，使得诗人也开始作诗讽喻；同时，夷狄和诸侯的势力日益上升，"诸侯不朝""荒服不朝"的记载不绝于史。公元前722年，周平王从关中丰镐东迁到洛邑，原来"诸侯并列，王室独尊"的局面逐渐被"王室衰微，大国争霸"的局面所取代，从而进入一个社会大动荡和大变革的时代。国家开始进入"礼崩乐坏"的时代，周天子颜面扫地，五霸迭兴，"礼乐征伐自诸侯出"，旧的国家规范和秩序走向崩溃，"弑君三十六，亡国五十二，诸侯奔走不得保其社稷者不可胜数""臣弑君，子弑父，骨肉相残，以下犯上"等不胜枚举，所谓"亲亲""尊尊"的精神荡然无存，"郁郁乎文哉"的礼制在社会变动的冲击下土崩瓦解。

正是如上种种条件的聚合，对原有正统思想产生了巨大的冲击，并推动了精神的觉醒和思想的变革，一股怀疑传统的思潮开始涌动，《诗》中的所谓"变风""变雅"就是这股怀疑思潮最集中的反映。《毛诗序》指出："至于王道衰，礼义废，政教失，国异政，家殊俗，而变风变雅作矣。"人民开始动摇自己的信仰，愤世嫉俗。当齐国出现彗星的时候，齐国派人向上天祈祷，期望能够使上天息怒，消除灾难，齐国丞相晏子则说道："无益也，祇取诬焉……君无秽德，又何禳焉？若德之秽，禳之何益？"同时，怀疑的思想逐渐从天帝鬼神扩大到仁义礼乐。例如，戎王使由余于秦。由余曰："使鬼为之，则劳神矣。使人为之，亦苦民矣。"缪公怪之，问曰："中国以诗书礼乐法度为政，然尚时乱，今戎夷无此，何以为治，不亦难乎？"由余笑曰："此乃中国所以乱也。夫自上圣黄帝作为礼乐法度，身以先之，仅以小治。及其后世，日以骄淫。阻法度之威，以责督于下，下罢极，则以仁义怨望于上。上下交争怨而相篡弑，至于灭宗，皆以此类也。夫戎夷不然。上含淳德以遇其下，下怀忠信以事其上，一国之政犹一身之治，不知所以治，此真圣人之治也。"（《史记·戎王使由余于秦》）

圣王所作礼乐，中国一向以为"至道"，并鄙视夷狄。但是熟悉王政、出逃夷狄的由余认为"此中国所以乱也"，反而推崇"不知所以治"的戎夷之治是"真圣人之治"。因此春秋时期，社会礼崩乐坏后，新思想尚未确立，人们开始疑天、疑祖、疑圣，怀疑精神在社会的蔓延，预示着创造性时代的来临。

怀疑孕育着新的生机，社会的动荡促使知识阶层对国家、社会和个人进行反思，试图拯救社会，"吾意以为诸子自老聃、孔丘并于韩非，皆忧世之乱而思有以拯救之，故其学皆应时而生"。他们展开了对乱世的批判，又推进了对治世的探索。"破""立"结合的思想争鸣将怀疑精神升华至理性精神，人性也在理性精神的讨论中逐步解放。如果我们按照诸子百家批判的路向的不同而略做区分的话，诸子百家大致可以分为三大派别。

首先，以孔、孟为首的儒家的基本特点是社会批判并回归传统。孔子创立了儒家学派，形成了一套以"仁"为核心的儒家济世思想体系，通过对"国灭世绝""君不君，臣不臣"的社会现象进行痛心疾首的思想批判，期冀用"知其不可而为之"的大无畏精神,实现"克己复礼""弘道""从周"的政治目标。他既批判当时礼乐征伐出自诸侯大夫是"天下无道"的观点,也批判各种新兴势力的僭越非礼行为。他声称"如有用我者,吾其为东周乎?"。他还提出了一系列复兴周道的主张,如"正名""道(导)德""齐礼""变齐""变鲁"等。为了达成他的宏愿,他率领门徒周游列国,四处兜售他的理想与主张。但是"滔滔天下皆是也,而谁以易之?"。孔子在复礼无望后,发出了"道之将行也,命也;道之将废也,命也"的感叹。随后,孟子继承了孔子的遗志,他主张"仁政"与"王道",提出"民贵君轻"的民本思想,以"虽千万人,吾往矣"的气概,以"平治天下,舍我其谁"的历史使命感,率门徒周游世界,推行自己的政治主张。他批判当时的君主"为民父母,行政不免于率兽食人"。他抨击当时那种"争地以城,杀人盈城"的兼并战争和"以力服人"的"霸道"政治,认为"君不乡道,不志于仁",而臣下"为君辟土""为强之战"的现象是在"富桀""辅桀"。但是他的主张在当时根本不被社会所接受,多数人都认为孟子的理想是"迂远而阔于事情",所以其根本无法实现其政治抱负。尽管,孔孟等贤哲的理想抱负未能实现,但是他们关于"仁者爱人""克己复礼"的主张,"仁""礼"一体,"礼""乐"并称的思想,礼教德治的精神,奠定了中华传统文化的基础。

其次,以老子和庄子为代表的道家的基本特点是价值批判而否定传统。其实,儒家的社会批判只是一种现象批判,不但不批判传统的价值,而且把回归传统作为"救世"的处方。然而,道家通过对自然的观察,着重对天道的讨论,在回归自然的基础上,将批判的矛头直指传统的礼义仁智。老子在对宇宙"道"的体悟基础上,提出了"无为而无不为"的核心理念。他说:"上德不德,是以有德;下德不失德,是以无德。上德无为而无以为,下德无为而有以为。上仁为之而无以为,上义为之而有以为。上礼为之而莫之应,则攘臂而扔之。故失道而后德,失德而后仁,失仁而后义,失义而后礼。夫礼者,忠信之薄而乱之首。"(《道德经》第三十八章)所以他又说:"大道废,有仁义;智慧出,有大伪;六亲不和,有孝慈;国家昏乱,有忠臣。"(《道德经》第十八章)在他看来,所谓德、仁、义、礼、智、慧等都是违弃"大道"的结果,因此,他认为人世间的思想原则是"无为",人性要"清心寡欲""上善若水",以"返璞归真"。所以社会上要"绝圣弃智""绝仁弃义""绝巧弃利",国家治理上"天下神器,不可为也,为者败之"。庄子将老子的价值批判进一步深入,矛头直指仁义的虚伪性和破坏性。他说:"昔者黄帝始以仁义撄人之心","尧舜矜其血气以规法度,然犹有不胜也"。《庄子·杂篇·徐无鬼》指出:"爱利出于仁义,捐仁义者寡,利仁义者众。夫仁义之行,唯且无诚,且假乎禽贪者器。"有了仁义，人就假借仁义之名而行贪爱之实，最终导致社会畸形。因此他的结论就是"圣人不死，大盗不止"。尽管他们对社会的批判广泛深入，但是在社会动荡时期，"返璞归真""无为"的救世方法是无法实行的。但是他们的不做"太庙牛"，宁做"逍遥游"的清高品格，对后世洁身自好的士大夫有极大的影响，成为中国传统文化中的一股清流。

最后，以商鞅、韩非为代表的法家的思想理论的基本特点是进行历史批评和扬弃传统。不管孔、孟、老、庄在对社会的认识上差异多大，其都有一个共同之处，即"是古非今"，只是他们眼中的古有所不同。而真正进行历史批判并扬弃传统的是商鞅。商君为了在秦推行变法，面对习惯势力，力破故习，力排众议，他指出："常人安于故习，学者溺于所闻""汤、武之王也，不修古而兴；殷、夏之灭也，不易礼而亡"（《商君书·更法》）。因此他坚决主张："圣人之为国也，不法古，不修今，因世而为之治，度俗而为之法。"（《商君书·壹言》）法家另一著名代表韩非也认为历史总是处于变易过程中的，"上古竞于道德，中古逐于智谋，当今争于气力"（《五蠹》）。"不知治者，必曰：无变古，毋易常……则古之无变，常之毋易，在常古之可与不可。伊尹毋变殷，太公毋变周，则汤、武不王矣；管仲毋易齐，郭偃毋更晋，则恒、文不霸矣。"（《韩非子·南面》）因此，他批判那些抱残守缺、食古不化的守旧派是守株待兔，嘲笑他们"欲以先王之政，治当世之民，皆守株之类也"。他们都主张"以法为教""以更为师"，实行文化层面的专制主义。法家思想后来逐渐成为秦王朝治理天下的重要思想来源，并对以后的历代帝王的国家治理产生了极其重要的影响。

从孔孟、老庄到商鞅、韩非等许多古代先贤，他们都以自己的聪明智慧和坚毅果敢的勇气，开创了一批学术流派，编写、修订了一批《易》《书》等经典著作，他们的学术创造和社会批判，使中华民族文化得到了充分的升华，中华优秀传统文化的基础基本被奠定。特别是批判思想的高扬，带来了整个时代的思想学术的兴盛与文化精神的萌蘖。因此，这一时期相当于德国哲学家雅斯贝尔斯所阐发的"轴心时代"。在整个轴心时代中，处处体现出一种凝聚着文化良心的社会关怀意识，一种世俗的现实主义精神，它一方面展开对黑暗统治的反思及对腐朽现实的批判；另一方面又展现为对理想社会的憧憬以及对现实社会的设计、改造。在这个"礼崩乐坏""道术为裂"的时代，诸子大多在为救世而求索，中华民族的理性精神就在这种求索中生机勃发，如儒家的正义精神与忧患意识、道家的自由精神与批判意识、墨家的博爱精神与平等意识、法家的变革精神与进取意识，甚至还有民间的商业精神与功利意识等，其中最核心的民族理性就是诸子忧国忧民的情怀与自我人格的砥砺。遗憾的是，在自由争鸣的时代迸发出来的民族理性没有就此发扬光大，而是在秦汉王朝的统治下被戕杀。

三、秦汉中华传统文化的定型

中华传统文化的定型经历了一个漫长的历史阶段，从秦汉时期至晚清末年，前后一共经历了两千余年，成为中国民族文化精神发展演变的第三个关键阶段。秦汉不仅使中国社会从分裂走向统一，使中国政治由等级分权专制转入中央集权专制阶段，而且使中国思想文化从"百家争鸣"变为"万马齐喑"，秦汉时期奠定了汉民族思想文化统一的基础，建立了相应的制度。尽管从秦汉到晚清，中国历经多次朝代更替，但是不管如何演变，都不过是一代代帝王的更替，"秦时明月汉时关"却依旧如常。毛泽东曾说过，"百代都行秦政法"，因此中国传统文化的发展模式在"秦砖汉瓦"之下定型凝固。

（一）秦汉思想的统一

马克思指出："理论在一个国家的实现程度，决定于理论满足这个国家的需要程度。"秦汉时期的理论选择也不例外。东周时期"田畴异亩，车途异轨，律令异法，衣冠异制，言语异声，文字异形"。在群雄崛起的时代，法家的"耕战"措施对富国强兵的作用最大，强秦依靠法家思想扫平六合，秦统一六合后，进行了改革，建立了统一的文化，书同文，车同轨，货币度量衡同制，行同伦，奉行郡县制，实行中央集权专制。但是由于法家思想"严而少恩""可以行一时之计，而不可长用也"，特别是在统一后，秦继续推行霸道政治，终至灭亡。西汉取代强秦后，在吸取秦亡教训的基础上，转向"无为而治"的道家思想，使得汉初呈现了"文景之治"的繁荣景象。但是在中国古代社会，宗法专制是政治统治的社会基础，政治伦理是宗法伦理的自然延伸，基层秩序的稳定和精神奴役的成功对统治阶层异常重要，因此，忽视基层宗法秩序及宗法伦理的道家无法迎合统治阶层的口味，而经过西汉董仲舒改造的汉代新儒学成为"理性地去'支配'此世"的新教。"夫儒者难与进取，可与守成。"守成才是统治者所亟须的，所以以"守成"为核心的儒家思想历经千秋万代，薪火相传。

（二）两汉经学的兴起

自汉武帝采纳董仲舒"独尊儒术"的建议后，儒学得到了迅速的发展，儒生规模扩大，在"以经取士"的选官制度的作用下，经学研究日渐隆盛。两汉经学经历了今文独霸、古文崛起、谶纬盛行和最终融合的发展路径，但究其根本，"唯神""唯圣"成为两汉经学的本质特征。"唯圣"是根本，"唯神"是为了"唯圣"，尽管在理论上宣称"以君随天"，然而在现实生活中是"以天随君"。在帝王的淫威下，士人失去独立的人格，成为唯帝王马首是瞻的奴仆，终日吟唱"述圣""颂圣"之章句。由于汉武帝"好鬼神之祀""垂天人之问"，董仲舒推阴阳、言灾异、为儒者宗，宣扬"天人感应"成为汉代经学的一大特色，并影响整个汉代社会，无论是今文经学还是古文经学，全都凝结在"天人感应"的旗帜下。"以天人感应为核心的神学目的论思想体系，是一种经验论思维模式，也为后来的以经验论为特色的传统思维奠定了基础。"由于谶纬的荒诞不经和经学的烦琐，其失去了持续发展的能力，随着汉代的结束，魏晋玄学登上历史舞台。

（三）魏晋玄学的崛兴

魏晋时期，为矫治儒学繁缛化、神学化的积弊，以何晏、王弼等人为代表的玄学家祖述老庄，开创了所谓的"正始玄风"。从思想上，玄学抛弃了汉学妖妄不经的神学目的论，用"道"的本体论取而代之；从学术上，玄学背离了汉学烦琐支离的治学路线，用清新简约的玄理变而易之；从政治上，玄学抨击了汉末名教的虚伪，用老庄自然主义的价值观矫而正之。因此，"名教"与"自然"彼此之间的关系就成了魏晋玄学主要关注的领域，思想界分化出三个主要的流派：一是以王弼为代表的"贵无派"，他"祖述老庄"，援道入儒，提出"名教"源自"自然"的主张。二是以《列子·杨朱篇》的作者为代表的"行乐"派，其同样以道家"自然"论为出发点和依据，主张"从心而动，不违自然所好"，鼓吹恣情享乐的"养生"说。三是以嵇康、阮籍为主要代表的"自然派"，他们以"自然"作为武器，公开批判抨击名教。但是随着西晋的覆灭、士族的衰落与佛教的兴起，风行一时的玄学受到极大冲击，随即销声匿迹。

（四）宋明理学的兴盛

"理学"是流行于宋明之间，融儒释道为一体的一种新儒学，在本质上以"伦理观"为核心，因宋儒研习儒家经典，注重阐发义理，故称"理学"。宋明理学人物众多，主要以"程朱理学"和"陆王心学"两大派为代表。"程朱理学"以北宋时期思想家和理学奠基者的程颢、程颐以及南宋时期的儒学集大成者朱熹为代表。他们主要借鉴道家的"道"和佛家的"真如"这一哲学基本范畴，提出"理"或"天理"的概念，将它作为宇宙万物的最高本体，并以此为核心来构筑自己的理论体系。"陆王心学"以南宋时期的心学开创人陆九渊与明代的心学集大成者王阳明为代表。他们主要借鉴佛教禅宗"心即是佛"的思想方法，提出"心即是理""心外无物"的本体论，鼓吹孟子的"反身而诚"和禅宗"明心见性"的修养方法。无论两派的差异多大，他们都注重强调依托道德的高度自觉实现理想人格构建的目标，进一步强化了中华民族的自强不息的精神和自我道德完善的情操，但是他们奉行"君臣夫子之理，无所逃于天地之间也""存天理，灭人欲"的思想，充满了定型化和程式化的特点，加强了中国古代社会的历史惰性，践踏个人权利与尊严，将漠视民众愿望、关注统治利益的文化发展到新的顶点，思想界为一潭死水，生气全无，陷入程序化的发展模式。

（五）晚清朴学的出现

朴学盛于乾隆、嘉庆时期，因此也称为"乾嘉学派"。"朴学"原来指的是汉代古文经学派的考据训诂之学，意为"质朴之学"；后来指清代的主流学术思潮。明末清初的一些学者因反对理学家们空谈义理，不务经世，企图改弦易辙，提倡回归汉儒朴实的学风，所以称之为朴学。又因这些学者热衷于用汉儒的治学方法研究经籍，故又称之为新汉学。梁启超在《清代学术概论》中对朴学进行了总结，并将清朝朴学的兴衰流变分为四期。但是清代朴学发展的整体特征是"重名物而轻义理，为学术而忽实用，虽整理文献有徐，而经世先王之志，亦已衰矣！"。朴学最终还是沦落为束缚思想的绳索。

第三节 中华优秀传统文化的逻辑展开

只有具有现代价值的传统文化才是优秀的传统文化，而理性是现代工业社会的本质特征之一，因此，我们将理性精神作为优秀传统文化在现代社会的价值选择标准。优秀传统文化的发掘与重新再认识过程就是寻找古代传统文化中的理性精神元素的过程。《易经·系辞》曰："形而上者谓之道，形而下者谓之器，化而裁之谓之变，推而行之谓之通，举而措之天下之民，谓之事业。""道"是中华民族事业之根本，是中华优秀文化的精髓和灵魂，也是中华优秀传统文化的根本特质。它既是古代圣贤凝练的文化理性，也集中体现了古代的文化特质。从"文以明道"衍生出"文以载道"再总结归纳出"文道合一"与"道之显者谓之文"，古代文化体系就是"道"的展开：一方面，通过对自然理性的解读，展开"天道"，公正无私、乐善好施、有容乃大、和实生物等被诠释为天道的属性，"天道"成为超然独立的价值坐标，成为传统文化的自然理性。另一方面，由圣人"法天立道"，即效法自然的理性，从而推导出社会理性，由此展开"人道"，它包含着：天下为公、执政为民、为政以德、民惟邦本等圣贤之学（思想层面）；礼导其志、乐和其声、政一其行、刑防其奸等先王之制（制度层面）；仁者爱人、忠恕孝悌、尊老爱幼、尊师敬贤等人伦之理（社会层面）。"天道"体现的自然理性、"人道"体现的价值理性和社会理性与"资治之鉴"体现的历史理性，组合成"治道"，四种理性交相辉映，呈现出优秀传统文化特有的现代价值。

一、中华优秀传统文化的体用关系

按照文化整体化原理，在每种文化中必有一个占主导地位的核心概念，规定着其他文化的从属地位。任何时代、任何国家或民族要保持国家的稳定和民族的发展，都必须有一套用以凝聚全体国民的向心力、指导社会发展的主流价值观及其理论体系。如果我们透过复杂纷繁的中国传统文化现象，而对其核心概念及价值体系做一个总体概括，那么中华优秀传统文化最高的理性抽象就是"于道为最高"。

在中华优秀传统文化几千年的历史进程中，"道"不仅成为国人观察天地日月运行、总结自然万物变化、感悟人生冷暖的重要依托，而且形成了独特的价值观和人生观，无论中国传统文化如何调整演变，"道"始终居于思想文化的主导地位，成为中华优秀传统文化的特质，统领优秀传统文化的发展脉络。"道"在金文中始见，原意指的是具有一定指向的道路。《说文》："道，所行道也。"由于道路有"无不通、无不由"之特性，故又被引申为能把人们导向目的地的方法途径（如"君子之道"是能把人们导向君子人格的修养方法途径）；再延伸为理想的社会政治和倡导这种社会政治的思想主张（如董仲舒说："道者，所由适于治之路也。""人道""王道""治道"等便是"所由适于治之路"）；由于圣贤要为这种社会理想寻求一个具有终极性与超越性的根源，"道"又被理解为宇宙万物的本源、本体或规律、法则。"夫道，有情有信，无为无形；可传而不可受，可得而不可见；自本自根，未有天地，自古以固存；神鬼神帝，生天生地；在太极之先而不为高，在六极之下而不为深，先天地生而不为久，长于上古而不为老。"（《庄子·大宗师》）首先，道是一种本体存在，是世界万物产生的根源。孔子曰："大道者，所以变化而凝成万物者也。"（《大戴礼记·哀公问五义第四十》）老子曰："有物混成，先天地生，寂兮寥兮，独立而不改，周行而不殆，可以为天地母，吾不知其名，字之曰道。"（《道德经》第二十五章）"道也者，万物之所然也，万理之所稽也。"（《韩非子·解老》）可见，天地万物都是由"道"产生的，首先，道是产生有无、阴阳、道器、始终、形神、善恶、荣辱、黑白等的根本，"道"是一切的根源。

其次，"道生一，一生二，二生三，三生万物。万物负阴而抱阳，冲气以为和"（《道德经》第四十二章）。作为本体存在的道，还是广泛存在的，"大道泛兮，其可左右""道之在天下，犹川谷之于江海"。大道广泛流行，左右上下无所不到，存在于江河山川之中。"道在天地间，其大无外，其小无内……凡道，无根无茎，无叶无荣。万物以生，万物以成，命之曰道……精也者，气之精者也。气道乃生。"因此，道存在于万物之中，存在于具体的法则、秩序及其运动变化之中，存在于可见、可感、可经验的自然法则之中。最后，道还是宇宙天地间自然事物变化发展的规律。荀子曰："夫道者，体常而尽变。"（《解蔽》）又说"大道者，所以变化遂成万物也"（《荀子·哀公》）。韩非也认为道是世界万物的规律，"道者，万物之所然也，万理之所稽也"（《解老》）。黄宗羲曰："本立而道生，千变万化，皆出于此。"因此，大道处乎隐，显乎微，无所不存，无所不在，无所不载，无所不覆。由于"道"有全面的统帅作用，于是又被泛化为"众妙皆道"。

因此，在中国宏大的传统文化系统中"道"是一个总纲，纲举而目张。朱熹指出："道之显者谓之文。"古人所谓的"文以载道"言论，一方面可理解为整个社会文化均是"道"的载体、"道"的显现；另一方面也可以说"道"是全部传统文化的灵魂。一言以蔽之，中华优秀传统文化就是一条中华民族所向往的大道，也是华夏子孙魂牵梦绕的精神家园。著名美籍华裔历史学家余英时先生说："相比之下，'道'的世界在中国的认知中一直与人的世界不远。但'道'的观念也是由轴心时代中国所有的大思想家，包括老子、墨子和庄子所共享的。他们一致认为，'道'隐而不现，但在人的世界中无所不在地运行，就连凡夫俗子多多少少也知道'道'，并于日常生活中实践'道'。轴心时代创生的概念影响力日渐深远，特别是孔子思想和'道'的观念，几世纪来对中国人的影响至深，从这点看来，要说'道'与历史组成中国文明的内在与外在也不为过。"在中国，道不离人，人不离道。道成为中国人认识自然和人类本身的哲学概括，是中华优秀传统文化的气质和灵魂。

一直以来，中华民族就是一个富有理性精神的民族。众所周知，华夏文明是一种植根于自然经济土壤和宗法社会结构，与农业文明相适应的伦理政治型文明。《大学》之"三纲八目"就是一条从伦理扩张开来实现"治国平天下"之政治目标的经典表述。虽说每个民族天生皆有向往理想的倾向，但农业民族追求安定而务实，循天道又重人事。在这样的社会土壤中产生的民族文化往往兼具理想与现实的两重性：理论层面追求理想；实践层面扎根于现实。二者的结合层面就是古人追求的"治世"。在古人心目中，"治世"也分为两层含义：

一指"天下大治"的政治理想；二指落实这一理想的治国理政策略。从三代圣王到诸子百家，所思所虑皆聚焦于"治世"。尽管古代的理想与现实之间存在一定的落差与偏离，但其理想层面仍具有鲜明的理性色彩，《尚书》所谓"德唯善政，政在养民"的政治理想即集中体现了圣贤所追求的理性精神。其特点是从解读"天道"这一自然理性出发，推导出"人道"之社会理性，延伸为以"史鉴"为特征的历史理性，扩大为"器艺"所包含的技术理性，综合为"众妙皆道"的文化理性。总之，"道"就是上述诸理性的最高抽象，也是优秀传统文化的价值所在；把"道"的精神"一以贯之"是中华优秀传统文化的基本特色。

二、中华优秀传统文化的二元结构

"道之显者谓之文"，中华优秀传统文化围绕着"道"而层层展开。从结构上看，中国文化系统是一种天、人二元结构，即自然世界与人类社会的关系。在以"道"为特质的文化体系结构中大致可分为"天道""人道"两大板块。道向上升华成为"天道"，向下演进成为"人道"，向上的道和向下的道交相运作，构成了传统文化中特有的二元结构，影响人们生活的方方面面。

程颐曰："道未始有天人之别，但在天则为天道，在地则为地道，在人则为人道。"就"道"作为宇宙万物之源这一点而言，它首先体现为"天道"。

《荀子·天论》曰："天有常道，人有常数。"庄子曾论及"道兼于天""通于天者，道也"，管子曰"天之道虚其无形"，董仲舒曰"道之大原出于天"，宋张栻曰"道之奥妙其本原于天也"等。"天道"的最初含义实际上是从神化、上帝化的天演变而来的。敬天虽然带有浓厚的宗教意味和色彩，但是古代贤圣在宗教神化的天的内涵中加入理性精神的内容，将天理解为人世间最高道德法律。

《尚书·皋陶谟》中提及的"天叙有典""天秩有礼""天命有德""天讨有罪"等一些知名的论述，都涉及了中国人讲国家政治治理，必以"天与人归"为政权转移之根据；讲法律，则不外"天理人情"；涉及民间习俗和道德伦理，则配以"尊亲配天"；经济活动则是"利用厚生"，以"春耕、夏耘、秋收、冬藏"来配合自然秩序的变化，以增益人类生活的资源。而中华优秀传统文化的思想最高境界则体现为"天人合一""天人合德"，而"知心、知性"则可以"知天"。荀子曾经说过："善言天者必有征于人。"当"言天"只是作为一种凭借，"征人"才是最终落脚点时，它已不再是一种荒谬的宗教迷信，而是一种包含终极思考的价值定位，理性的种子开始萌芽，理性的价值被附丽在上天身上。

《左传·桓公·桓公六年》引季梁语："所谓道，忠于民而信于神也。""是以圣王先成民而后致力于神。"它突出了人民与天神之间的前后顺序关系。一直以来，古代贤圣对"天道"的解读都包含了"公正、好善、宽容、和谐"等价值属性，孔子曰："天无私覆，地无私载，日月无私照。奉斯三者以劳天下，此之谓三无私。"（《礼记》）从"天"这一自然理性解读推导的"三无私"的性质被当作"劳天下"的基本原则。

《国语·周语中》曰："天道赏善而罚淫。"当然，天道不仅仅是乐善而高德的，而且还是和合与宽容的。早在先秦时期，古人就已从声音和乐律中发现了"声依永，律和声，八音克谐，无相夺伦"的音韵和谐规律，又从"和实生物"的自然运行中悟出了"万物并育而不相害，道并行而不相悖"之万物和合共生规律，并以此推衍出了"君臣和敬""父子和亲""夫妇和合""长幼和顺""天下和洽"的社会和谐的趋势。古代圣贤在对自然理性的感悟和体认中还机敏地发现，社会和合运行无法离开宽容的精神。老子说："江海所以能为百谷王者，以其善下之，故能为百谷王。"（《道德经》）

《文子·自然》亦曰："古之善为君者法江海，江海无为以成其大，（注）下以成其广，故能长久；为天下溪谷，其德乃足。"儒家也主张"同弗与，异弗非""躬自厚而薄则于人""恢然如天地之苞万物"。我们可以明显地看到，"苞万物"的博大心胸正是来源于对天道的仿效，来源于对天道的感悟。

古人通过对人和天关系的思考，衍生出人和人的关系、人和社会的关系，通过法天立道，将人道弥纶于天道之中，从自然理性中寻求社会理性，追寻人道的终极价值。天道与人道的完美和谐统一是古人圣贤一直追求的理想。因此，天道与人道是相即不离的，是一个整体性的存在。"易，所以会天道、人道也"正是表明了天道与人道的相统一协调。在春秋时代就已有关于"天道"和"人道"的言论。"天道远，人道迩，非所及也，何以知之。"子产认为，天道与人生活的世界相距甚远，人道是与人们生活的世界息息相关的，所以社会的变化发展及运行规律与天道（自然的变化）没有太多直接的联系，这充分体现了人类的理性自觉和认识能力已明显提高。天道与人道是既有联系又有区别的。

"天下万物各有其道：有天道曰阴和阳，有地道曰刚和柔，有人道曰仁和义。易之为书，广为悉备，合天道、地道、人道，兼三才而两之，方为大道。"由此可见，天道与人道属于不同层次，彼此区别，又相互联系。同时，天道还影响制约人道，是人道存在的依据。例如，《诗经·周颂·维天之命》曰："维天之命，于穆不已。"《大雅·桑民》曰："天生柔民，有物有则。民之秉彝，好是懿德。""天命之谓性，率性之谓道。"《中庸》顺着人性的要求，则合于人道，所以人性是善的，而善的人性是由天所命的。同时，人道也是实现天道的路径。孔子说："人能弘道，非道弘人。"天道的精神与内涵只有通过人才能实现传承弘扬，而人一旦放弃自己的使命未能实践天道，天道也无法使人变得更加高尚，最终使人成为一个完人。另外，天道与人道是合一的，是统一的一体。天人合一成为思想主流。"诚者天之道也，诚之者人之道也。"天人之道都统一于"诚"。到了汉代，董仲舒认为，天道是人道运行的根据，并且突出强调了"以类合之，天人一也"。

《春秋繁露·四时之副》曰："天之道，春暖以生，夏暑以养，秋清以杀，冬寒以藏；暖暑清寒，异气而同功，皆天之所以成岁也。圣人副天之所行以为政，故以庆副暖而当春，以赏副暑而当夏，以罚副清而当秋，以刑副寒而当冬。庆赏罚刑，异事而同功，皆王者之所以成德也。庆赏罚刑，与春夏秋冬，以类相应也，如合符。故曰：王者配天，谓其道。"王者治理国家的施政依据来源于春生夏养秋杀冬藏的天道。即将儒家治国理政的思想与五行思想相融合，并将它们形象化、直观化，将天道进行人化的同时，使人道纳入天道体系之中，以天道为根本源头，使"天人之际，合而为一"进入系统化和理论化阶段。天道成为王道的一种工具，可以说，不论是天道、王道还是人道，都是为了治理国家，实现对人民统治的需要，一切皆归结于人的需要。《礼记·大传》指出："圣人南面而治天下，必自人道始矣。"

三、中华优秀传统文化的逻辑推进

虽然"人道"只是整个道统中的一个子系统，却是整个"文以载道"体系的重心和落脚点。思想层面的"圣人之学"、制度层面的"先王之制"、社会层面的"人伦之理"，以及历史层面的"资治之鉴"共同组成了百王道贯的"治道"。

《墨子·兼爱中》曾经提道："圣王之法，天下之治道也。"即古代圣王治理国家的常法，是整个天下共同的治道。同时"圣贤之学"是从圣王之法中萌发和繁荣发展的，因此，圣贤之学可以理解为整个古代"治道"的关键内核，发挥着对社会各个层面意识形态的调节指导功能。它大致包括"天下为公""执政为民""民惟邦本""为政以德"等重要环节。"天下为公"是"大道之行"时期的最原本形态，也是孔子等圣贤终生努力要实现的政治理想。孔子理想的社会，是一个"选贤与能，讲信修睦""人不独亲其亲，不独子其子"，每一个人都能大公无私的"大同"社会。即使到了"小康"岁月，尽管整个社会已经是"天下为家"，但在理想的设计上，许多古代圣贤依旧没有放弃对"天下为公"理想社会的憧憬和追求，期望首先通过"立君为公""执政为民"的政治理想实现来达到"天下为公"理想社会的实现。《吕氏春秋·贵公》指出："天下非一人之天下也,乃天下之天下也。"《慎子·威德》则曰:"古者立天子而贵之者,非以利一人也……立天子以为天下,非立天下以为天子。"由此可见,"公"的价值指向和落脚点依旧是"为天下"而非为天子或皇帝。由于"民惟邦本,本固邦宁",因此君主皇帝的"为公"必须落实到"为民"的层面。《荀子·大略》说:"天之生民,非为君也;天之立君,以为民也。"君主设立的根本完全在于人民。古人也将此种为民之君称为"民主"。《尚书·多方》曰:"天惟时求民主。"上天根据环境发展需要为人民择取"民主",选择的根据在于君王是否"敬德"。因为"皇天无亲,唯德是辅;民心无常,唯惠之怀"。所以"为政以德"便成为古代君王治理国家和人民最基本的政治理念和原则,圣贤常常告诫君王"无自广以狭人。匹夫匹妇,不获自尽,民主罔与成厥功"(《尚书·咸有一德》)。失去人民的帮助,君主是很难建功立业的。

思想理论层面的"圣贤之学"在国家治理中的具体体现就是制度层面的"先王之制",两者有着密切的联系。"先王之制"主要是指古代王朝制定的各项礼仪、礼规和礼制。据《白虎通·崩薨篇》云:"礼始于皇帝(指三皇五帝),至尧舜乃备。"因此,广义上的"礼"是囊括国家所有宗教祭礼、政治经济文化制度、道德规范、伦理准则及其相关仪式的总和,是古代君王实现对人民统治最重要也是最有效的方式。《礼记·经解》曰:"礼之于正国也,犹衡之于轻重也,绳墨之于曲直也,规矩之于方圆也。"作为古代国家的根本制度,礼在国家运行和社会发展中发挥了强制性规范和约束的功能。所以孔子说:"为政先礼,礼其政之本与?"如果从狭义的层面来理解,礼制又可分为礼、乐、刑、政四方面。《礼记·乐记》指出:"礼以道(导)其志,乐以和其声,政以一其行,刑以防其奸。礼、乐、刑、政,其极一也,所以同民心而出治道……礼、乐、刑、政,四达而不悖,则王道备矣!"这里所谓的"治道""王道"是就其制度本身的治理功能而言的,从本质上来说依旧是"人道",故《礼记·乐记》又说:"先王之制礼乐也,非以极口腹耳目之欲也,将以教民平好恶而反(返)人道之正也。""礼者,人道之极也。"《史记·礼书》则进一步指出:"人道经纬万端,规矩无所不贯,诱进以仁义,束缚以刑罚……所以一总海内而整齐万民也。"

"人道"在社会生活领域中,又具体体现为人伦之理。《说文》释"伦"为:"辈也,从人,仑声。一曰道也。"可见人伦也是"道"的一种体现。《礼记·燕义》曰:"上必明正道以道民,民道之而有功。"中国从很早就注重伦理习俗仪规对人们的教化规范作用,据《孟子·滕文公上》载:"(舜)使契为司徒,教以人伦,父子有亲,君臣有义,夫妇有别,长幼有叙,朋友有信。"

在这里，具体展开的"五伦"应该包含了古代社会所有的人际关系。在古代，人伦之理的关键核心与基本精神可概括为"仁"与"爱"。《中庸》曰："仁者，人也。亲亲为大。"因此，从这个层面上理解，"仁"是人的社会本质属性，主要外在表现则是"爱人"，主要社会家庭根基则是"爱亲"。《孝经·天子章》曰："爱亲者，不敢恶于人，敬亲者，不敢慢于人。"如果将"爱亲""敬亲"的感情在全社会进行泛化扩展，"孝悌"与"利他"之义就被包含在其中了。所以《礼记·祭义》又曰："立爱自亲始，教民睦也；立敬自长始，教民顺也。教以慈睦，而民贵有亲；教以敬长，而民贵用命。"因此我们可以看到，古人通过以"爱"为逻辑起点，以"孝"为逻辑主线，构筑了一个由"仁者爱人""孝悌忠恕""尊师敬长""尊老爱幼"等诸层次逻辑并列的社会伦理系统。对此，蔡元培先生对仁爱的社会伦理做了总结性的阐释："人之全德为仁，仁之基本为爱，爱之原泉在亲子之间，而尤以爱亲之情发于孩提者为最早。故孔子以孝道统摄诸行……则一切修身、齐家、治国、平天下之事，皆得统摄其中矣！"我们可以发现，这个以爱为核心的社会伦理系统，不仅极力构建整个社会家庭和谐的人际关系，而且宏伟构筑了一个从亲情伦理延伸至社会伦理再提升为政治伦理的道德建设的大战略，为古代"治世"理想的实现逐渐奠定了坚实的基础。

如果说上述的圣贤之学、先王之制和人伦之理集中体现为中华民族的社会理性，凝练为文化理性的话，那么历史层面的反思精神"资治之鉴"则积淀为中华民族的传统思想，并延伸为历史理性。一直以来，中华民族就是一个非常重视历史的民族，早在上古时期，朝廷就已经设立了史官作为"掌官书以赞治"，其职责是"历记成败存亡祸福古今之道，然后知秉要执本……此君人南面之术也"。司马迁之名言"究天人之际，通古今之变"，这些都是对古代历史精神的高度凝练与精确表达。早在殷周之交，文王、周公在夏商兴亡的经验教训中就产生了"殷鉴不远"的"史鉴"意识和"克勤无怠"的"忧患"意识，具体而言它主要包括"天命靡常""以民为监"（监通"鉴"）"慎终于始""居安思危"四个环节。夏商朝代的颠覆性灭亡使周人深刻意识到"皇天无亲，唯德是辅；民心无常，唯惠之怀"的道理，认为夏桀商纣因个人的残暴与天道背道而驰，才使得夏商草草结束其朝代，"不慎厥德乃早坠厥命"，因此一再提醒统治者要"监于有夏""监于有唯"，更重要的是，他们还把这种"史监"直接归结为"民监"，声称"人无于水监，当以民监"。正是在这种历史精神的鞭策下，文王"徽柔懿恭，怀保小民"，作《易》以寄其"忧患"意识；《尚书·周书》诸篇中反复强调："慎厥初，唯厥终，终以不困；不唯厥终，终以困穷。"周公反复告诫要"克勤无怠，以垂宪乃后"；要"制治于未乱，保邦于未危"。

此后，"居安思危""忧国忧民"就成为后世历代明智的君主警醒自己施仁政、广爱民的训诫。

《史记·太史公自序》曾精辟地指出："《易大传》曰'天下一致而百虑，同归而殊途。'夫阴阳、儒、墨、名、法、道德，此务为治者也。"尽管阴阳、儒、墨、名、法、道六家思想各不相同，但目标是一致的，都是为了实现"天下一致"，即实现天下太平治世。即使在秦汉以后，"独尊儒术"禁锢学术思想界的发展，但是"务为治"——天下太平仍然是许许多多士大夫追求的政治理想。在这一理想实现的历史进程中，圣贤之学、先王之制、人伦之理和资治之鉴四者分别发挥了思想引导、制度安排、伦理协调和历史反思的功能，它们共同构成了古代国家系统化的"治道"，并聚焦于一个根本的目标——"治世"。《尚书·毕命》宣称："道治政治，泽润生民。"可见圣贤已经深刻了解有效的治理需要依靠合理的方式来实现，人民需要依靠有效的统治来完善自己。所以《大学》说："唯命不于常，道善则得之，不善则失之矣。"决定天命常与不常的是道之善与不善，而不是天的意志。所以《荀子·天论》指出："受时与治世同，而殃祸与治世异，不可以怨天，其道然也。"《荀子·正名》又曰："道者，古今之正权也。离道而内自择，则不知祸福之所托。"因此，作为一种正确地衡量世间万物发展规律的准则，道在古代的作用已跃然于纸上。即使到了今天，如果我们把大道理解为一种中华民族抽象的客观的理性精神象征，作为一种高尚的理想追求目标，它也是一份非常珍贵的优秀传统文化资源。

第三章　中华优秀传统文化的时代彷徨

人类社会的发展是有规律可循的。纵览几千年世界文明发展史，我们可以发现整个人类社会发展展现一种显著的质变与阶段性特点。尽管世界上许多民族社会演变进化的起点不同，快慢不一，但基本上都呈现出一个完整的从落后到先进、从愚昧到文明的过程。本章分为中华优秀传统文化的近代困惑、中华优秀传统文化的现代境遇、中华优秀传统文化的当代误读三部分。主要内容包括：西方世界的崛起和世界的变局、两个世界的撞击与磨合、艰难曲折的社会转型、多种路向的上下求索等方面。

第一节　中华优秀传统文化的近代困惑

经济、政治和文化的发展与演变均和三个阶段相应相随。从经济的角度看，它大致经历过搜集经济、自然经济和市场经济三个阶段；从政治的角度看，它大致经历过原始民主、集权专制和现代民主三个阶段。在政治经济各个阶段的更替过程中我们看到一种文化精神的嬗变：与蒙昧时代相联系的文化精神体现的是"神谕"的价值取向；与野蛮时代相联系的文化精神体现的是"权谕"的价值取向；与文明时代相联系的文化精神则体现出"理谕"的价值取向。然而，社会的发展是不平衡的，当西欧的"蛮族"率先告别自然经济和集权政治，开着战舰、夹着商品、打着"自由"与"平等"的旗帜向东方进军的时候，东西方之间终于产生两个世界的撞击，中华民族也由此进入了一个近代迷茫彷徨的时期。

一、西方世界的崛起和世界的变局

（一）近代西欧的崛起不是偶然的

13 世纪以来西欧社会已出现了新时代诞生前的"胎动"：经济上商品经济的繁荣、自治城市的兴起、重商思潮的流行和市民阶层的形成在催发资本主义的萌芽；在政治上英国《自由大宪章》的签署、国会会议的召开使王权受到越来越多的限制；而西欧政权的林立也使东方式的大一统专制变得不可能。文化上文艺复兴运动的兴起及其对宗教神权与思想禁锢的批判、对世俗人权和个性自由的讴歌，更为新时代的诞生吹响了号角。美国学者保罗·肯尼迪在《大国的兴衰》一书中指出，正是由于经济上的放任、政治上的多元和文化上的自由才创造了令世人瞩目的"欧洲奇迹"！马克思指出："美洲的发现、绕过非洲的航行，给新兴的资产阶级开辟了新的活动场所；东印度和中国的市场、美洲的殖民化、对殖民地的贸易、交换手段和一般商品的增加，使商业、航海业和工业空前高涨。"新航路开辟产生的直接结果就是促使"正在崩溃的封建社会内部的革命因素迅速发展"，并最终形成三股浪潮，即经济技术浪潮、思想文化浪潮和政治变革浪潮。正是这三股浪潮彻底冲垮了西欧封建制度，揭开了人类社会发展新的历史篇章。

（二）经济是思想文化植根的土壤

在欧洲，由资本主义兴起而促发的思想文化浪潮可分为宗教改革和思想启蒙两个阶段。从 16 世纪开始，路德、闵采尔、卡尔文先后掀起宗教改革，英国也出现"清教"运动。这些被视为"神学异端"的宗教改革既是对中世纪教会虚伪道德的坚决否定，同时也蕴含着资本主义的创业精神。到 18 世纪，宗教改革被更加激进的思想启蒙运动所代替，法国思想家们举起了"自由、平等、博爱"的旗帜，对中世纪的价值观进行了彻底的清算，为法国大革命制造了强大的舆论攻势。

（三）经济技术浪潮是社会变革的动力源

在欧洲，这股浪潮又具体分为商业革命和工业革命两个发展阶段。16～17 世纪的商业革命创造了新的商业形式，使大规模的商业贸易成为可能。而贸易的扩大又推动了工业的发展和技术的革命，产生了 18 世纪以蒸汽机为代表的英国工业革命，随后又波及欧美，使资本主义经济从工场手工业时代跨入机器大工业时代。

（四）思想文化运动是社会变革的催化剂

在欧洲，政治变革浪潮也可分为革命与改革（改良）两个阶段。从 16 世纪末一直到 18 世纪末，英国、美国、法国等国家先后爆发了资产阶级革命。随后浪潮继续向较落后的中欧、东欧及东方蔓延，并弱化为改革浪潮：1861 年俄国进行改革，废除落后的农奴制；1870 年德国完成国家统一；1868 年日本开始"明治维新"。通过上述改革，欧亚这些国家的资本主义也快速发展，并且逐渐成熟完善。

上述这三股浪潮实质上是近代资本主义这股大潮在不同领域的反映，也是现代经济全球化浪潮的源头。因为它从一开始就超越了特定的国界，先在西欧各国互相激荡、互相推动，最后冲出欧洲大地，涌向亚、非、拉等各大洲，终于演变成资本主义在全球的掠夺和侵略。

资本主义之所以向全球扩张，不但有其内在的历史必然性，同时也有其外在的实际可能性。就前者而言，资本主义市场经济是一种以自由竞争为法则和规律的开放式经济。在自由竞争的刺激和推动下，资本主义在短短不到一百年的时间内所创造的全部生产力，比过去一切世代创造的全部生产力还要多，还要大。以英国纺织业为例，经过产业革命，纺织业的生产力提高了300倍以上。而如此发达的生产力必然要以世界市场为依托：它既需要丰富的原料和廉价的劳动力来扩大生产，又需要广阔的销售市场和投资场所来消化丰富的产品与多余的资金，但这些都是狭小的国内市场所无法满足的，因此海外市场就成了资本主义的生命线。为了把世界各地经济都纳入资本主义经济的网络之中，对外扩张便成了资本主义发展的必然要求。就后者而言，近代以来，随着资本主义在欧洲的迅速发展，东西方之间开始出现明显的两极分化：滞留在农牧时代的东方在日益没落，而资本主义的西方在急剧上升，这是两个时代两种文化的差距。在经济方面，19世纪中叶，仅英、法、德、美四国的工业产量即占全世界的80%，而人口众多的东方则几乎没有近代工业；在科技方面，近代西方在天文、地理、物理、化学、生物等自然科学领域均硕果累累，而东方几乎毫无建树；在军事方面，西方在武器装备、士兵训练以及军队的组织结构、指挥系统等领域也占明显优势，而东方还停留在大刀、长矛阶段；在精神方面，西方社会以"自由""平等""竞争""法治"的文化精神作为他们社会发展不竭的动力，而东方仍然是宗教与权威的王国，是黑暗与禁锢的"铁屋"。东西方发展的巨大差距恰好为西方对外扩张、抢占世界市场提供了可能性。——这就是冷酷的现实，从历史的角度看，中华民族在19世纪中叶所面临的问题已蕴含在世界历史进程的必然性之中。

二、两个世界的撞击与磨合

西方对中国的认识与了解经历了一个漫长而曲折的历史发展过程。西方最早对中国的认识来源于中国的丝绸。中国的丝绸经中东传入罗马，穿中国丝绸成为贵族的时尚。于是当时的罗马人便称呼东方的中国人为赛里斯人，即丝绸国人。尽管在公元 2 世纪就已经形成了"丝绸之路",但中国与欧洲之间并不存在直接联系,都是通过阿拉伯人来进行丝绸贸易。因此,在马可·波罗之前,欧洲未能从一个整体的地理概念上把握中国的地域概念,有些记载还有明显的道听途说的成分。即便是"惠泽四方"的盛唐文化,其对外影响也主要在东亚、南亚和西亚,很难在当时的欧洲找到明确的记载。13 世纪,蒙古人统一欧亚以后,促进了欧亚两个大陆的交流与往来,越来越多的欧洲人开始进入中国,其中最为著名的就是马可·波罗。马可·波罗在游历中国的时间里,记载了当时中国的区域、民族、政治、经济、军事、风土人情等,也介绍了当时中国在科技、人文许多方面的成就。在马可·波罗之后,西方大量旅行家、传教士来到中国,向欧洲人描绘了一幅魅力十足的文化景象。启蒙运动的所有杰出人物都写过赞美中国的诗,如德国哲学家莱布尼茨研究《易经》和中国秩序与伦理制度,法国思想家伏尔泰创作出《中国孤儿》并盛赞中国文明的影响力和感化力,法国思想家孟德斯鸠和卢梭在其著作中把中国当作圣地和理想国,甚至连美国思想家杰斐逊也称赞中国人是"天生的贵族"。

早在 18 世纪,英国著名的经济学家亚当·斯密就从经济上对中国落后进行了分析。他认为中国政府在经济政策的制定上始终以发展农业为主,"特别爱护农业""不重视国外贸易",在"重农抑商"经济政策的强化下,资本主义商品经济的发展面临了强大的阻力。相比之下,欧洲近代"工商业的发达却逐渐使他们有秩序,有好政府,有个人的安全和自由"。亚当·斯密敏锐地指出了中国未能自在自发地实现经济发展带动社会形态根本转变的关键,他还指出中国专制暴政的法律制度是造成中国停滞甚至衰退的主要症结。

与此同时,德国狂飙突进时代的思想家赫尔德认为中国文化是一种"幼年文化","孩童般的服从无论在家里还是国家事务中,都被当作所有德行的基础"。继赫尔德之后,黑格尔另外将"幼年文化"的根源追溯到家长制那里去。他指出,(中国)"家庭基础就是宪法基础""国家内部占统治地位的是家长制"。政府唯一的作用就是落实好帝王制定好的政策。"皇帝像父亲一样掌管一切。""基于家长制的原则,臣民都被当作未成年的孩子""皇帝这种父亲般的关怀和他的臣民们的精神——他们像无法跳出伦理上的家庭圈子、无法为自己获得独立的公民自由的一群孩子——把这个整体变成了国家,变成了政府和这样一种行为举止:它既是道德的,又是绝对客观……然而没有自由的理智和想象力"。在黑格尔看来,建立在家长制基础上的专制制度不但奴役了中国人的精神,而且阻碍了中国的进步。由于"普遍意志直接命令个人意志做什么,个人意志则照办,同样毫无反映、毫无自主地服从"。所以"排除了每一种变化的可能性。那种不断重复出现的、滞留的东西取代了我们称之为历史的东西"。不管赫尔德和黑格尔对中国文化的批评有多么刺耳，我们都不得不承认他们道出了中国文化的实质与历史的真情。

正是在这种环境之下，中西两个世界真正相遇，中国传统文化与西方现代文化产生根本性的矛盾和冲突。

三、从"师夷长技"到"中体西用"

西方对东方（包括印度及其他国家）的侵略扩张从道义上说无疑是应受到严厉谴责的，但对历史发展的考察又不能仅从民族义愤出发。马克思亲身经历了19世纪中后期西方国家对中、印等古老文明的掠夺和侵略，写下了《英人在华的残暴行动》《中国革命和欧洲革命》《不列颠在印度的统治》等许多文章，对西方殖民者的种种暴行给予无情的揭露和猛烈的鞭挞，他称英人对华战争是"极端主义的战争"，而中国人的抵抗是"保存中华民族的人民战争"。但他又从历史发展的高度冷静地看到先进的西方资本主义摧毁落后的东方专制主义的必然性，并肯定它的进步意义。早在1853年，马克思即高瞻远瞩地看到鸦片战争对中国自然经济和专制政治的破坏性及其积极意义，指出："所有这些破坏性因素都同时影响着中国的财政、社会风尚、工业和政治结构""英国的大炮破坏了中国皇帝的威权，迫使天朝帝国与地上的世界接触……而当这种隔绝状态在英国的努力之下被暴力所打破的时候，接踵而来的必然是解体的过程"。在另一篇著作中，马克思谴责了英国对印度的入侵与统治"是被极其卑鄙的利益驱使的"，但又立即指出："问题在于，如果亚洲的社会状况没有一个根本的革命，人类能不能完成自己的使命？如果不能，那么，英国不管干出多大的罪行，它在造成这个革命的时候毕竟是充当了历史的不自觉的工具。"马克思的看法的确是非常精辟的，他的预见也是非常准确的：鸦片战争不但造成中国自然经济的土崩瓦解、专制政治的摇摇欲坠，而且带来了文化的迷茫与彷徨，这是一个现代文化步步进逼、传统文化步步退却的过程，也是中华优秀传统文化理性觉醒的过程，它从自我陶醉到自我反思、自我批判，最后浴火重生。

最先从"历来的麻木状态中"觉醒的是以龚自珍和魏源为代表的开明士大夫。中国改良主义的先驱龚自珍是一个"开风气之先"的思想家与文学家。他认为"自古及今，法无不改，势无不积，事例无不变迁，风气无不移易"，自称"一事平生无齮齕，但开风气不为师"。在鸦片战争爆发前他就灵敏地感觉到那时的社会已是一个"日之将夕，悲风骤至"的"衰世"，深沉的"忧患"

意识和高度自觉的责任感促使他向昏昏欲睡的社会发出了振聋发聩的呐喊。这个呐喊正是当时"万马齐喑"的九州大地隐隐透出的一丝生机！

魏源是一个有见识、有眼光的思想家。在鸦片战争期间，他曾亲身参加抵抗英人的斗争。战争失败后，他又在"忧患"意识和爱国精神的激励下搜集资料，编写《海国图志》一书，提出了"师夷长技以制夷"的口号。目的虽然是"制夷"，但敢于"师夷"，主张要"悉夷情""立夷馆""翻夷书"。这无疑是对数千年来"用夏变夷"的观念的第一个突破。他看到西方国家的强大并不仅仅是武器、机器设备上的先进，而是由于他们拥有近代工业，因此他认为中国要强盛起来也必须发展近代工业，应该充分彻底地学习西方国家先进的技术乃至工业体系，建立起中国自己的近代工业。更加难能可贵的是，他能看到传统文化的弊端，痛斥理学为"俗学"，揭露那些"庸儒""上不足治国用，外不足靖疆圉，下不足苏民困"。针对当时守旧僵化的政治体制，他大胆地提出变革的主张，认为"天下无数百年不弊之法，无穷极不变之法，无不除弊而能兴利之法，无不易简而能变通之法"，因此，只有进行彻底的对古代政治、经济、文化体系的改革，才能真正给人民带来便利与福利。后来梁启超指出："维新思想之萌蘖，其因缘固不得不远溯龚、魏。"由此可见龚自珍、魏源的思想观念对中国近现代思想文化的启蒙产生了非常大的影响。

在《周易》中，忧患意识与自强精神本是一对血肉相连的孪生兄弟，但这种意识和精神在秦汉以后被"颂圣"之声淹没了。西方的入侵打破了国人天朝上国的迷梦，激发了文化的理性自觉，唤醒了民族的忧患意识与自强精神。因此，在鸦片战争后，九州大地出现了一股"人人有自强之心，亦人人为自强之言"的社会思潮。然而在如何自强这个问题上却分化为顽固派与洋务派两大派。顽固派代表大学士倭仁说："立国之道当以礼义人心为本，未有专恃术数而能超衰振弱者。"他们居然视科技为"术数"，与两千年前的老祖宗完全一样。洋务派却继承了魏源"师夷长技"的口号以及思想，并积极将它付诸实践。

例如，李鸿章就说："师夷之长四字，尤为今日所当知也。"尽管顽固派大骂洋务派"直欲不用夷变夏不止"，但洋务运动还是在奕䜣等人的主持下开展起来了。从19世纪60年代起，在大约30年的时间里，洋务派先后提出"求强"和"求富"的主张，从编练新式军队、制造武器枪支火药逐渐发展到兴办近代工厂制造业和交通运输业、设立西式学校、选拔学生赴海外留学等。当然，洋务派在维护专制统治的政治立场上与顽固派并无二致，他们的主导思想只是想借用西洋的科技来为巩固专制统治服务，如清末思想家冯桂芬所说的："如以中国之伦常名教为原本，辅以诸国富强之术，岂不善之善哉？"这种主张后来逐渐就被张之洞总结提炼为"中学为体，西学为用"。张之洞说："夫不可变者，伦纪也，非法制；圣道也，非器械也""亲亲也，尊尊也，长长也，男女有别，此其不可得与民变革者也"。从魏源的"师夷长技"及其引发的洋务运动到后来张之洞的"中体西用"论，标志着在西学的冲击下，精英阶层已率先从民族文化幻觉中觉醒过来，理性意识开始萌发，尽管这种觉醒还是初步的。

四、从"君主立宪"到"国民革命"

但是，以"中体西用"为指导思想的洋务运动是不可能把中国真正带上繁荣富强道路的。原因在于体和用本来就是不可割裂的一个整体，西方科技的发达和经济的强大是以其"自由""平等""竞争""法治"的价值观及与此相联系的民主宪政为本体的，换句话说，后者正是前者的前提条件。洋务派看不到中体与西用的不协调，终于使洋务运动走上歧途，派生出贪污、腐败、效率低下等种种问题，并由此遭到顽固派的猛烈攻击。他们尖锐地指出："迩来帑藏竭于上，民财殚于下，惟各省局卡官吏顿成豪富者甚多，则诸所作为无益实用可想。将来恃以御敌，决必大误机宜，尔时图官得官、图利得利者多饱飏矣。"他们所言当然有一定依据，但问题在于中国到底是变还是不变，是体用皆变，还是变用不变体？针对这个问题，一些有识之士已经开始看出了"中体西用"思想的局限性，如清末官员郭嵩焘指出："西洋立国有本有末，其本在朝廷政教，其末在商贾、造船、制器，相辅以益其强，又末中之一节也。"这已经看出西方国家强大富裕的根本是"朝廷政教"，但又认为应该"先通商贾之气以立循用西法之基"。所谓"其本未遑而姑务其末者"。其实，本与末、体与用并非不能同时并举，而是必须同时并举，如鸟之两翼，车之两轮，二者缺一是不可能腾飞驰骋的，甲午战争败于日本就是一个惨痛的教训。

日本的"明治维新"就是一个例子。日本是一个比较善于学习其他民族长处的国家，早在7世纪他们的"大化改新"即通过学习中国隋唐的制度文化，使自己从奴隶社会过渡到封建社会。1853年西方的大炮同样轰开了日本的国门，但他们很快从西方的冲击中猛醒过来，在明治天皇的主持下掀起维新运动。"明治年间，在日本发生的政治、社会、经济和思想变革够得上一次革命"，在短短的二三十年间，日本由一个偏于东方一隅的小国一跃成为一个富强的东方大国。"1894年，英国主动放弃在日本的治外法权，1899年，所有其他列强都采取了同样的步骤"。1894年日本发动了侵略中国的甲午战争，搞了三十年"洋务运动"的中国竟被日本打败。慈禧太后在甲午战败后居然还叫嚷："谁知倭贼竟敢犯我"，成为历史的笑柄。

甲午中日战争的战败和《马关条约》的签署在中国国内掀起一场轩然大波。在亡国危机的刺激和震撼下，以康有为、梁启超为代表的维新派在国内掀起了一场浩浩荡荡的变法图强救亡运动。1895年，康有为率先在北京创建了强学会，目的是讲授传播"中国自强之学"。他在《强学会序言》中大声疾呼："俄北瞰，英西睒，法南瞬，日东眈，处四强邻之中而为中国，岌岌哉！"康有为还多次向当朝光绪皇帝上书，期望自上而下推行"变法"。梁启超同时也在上海《时务报》上发表文章《变法通议》，慷慨激昂地指出变法关系到中国生死存亡。几乎与此同时，国内各种学会和报刊在新思潮的影响下一批批地涌现。除了1895年在北京、上海分别建立的强学会外，国内各地还陆续建立了粤学会、蜀学会、闽学会、关学会、保浙会、保滇会、保川会以及后来影响甚大的保国会。从1895年起，维新派先后在北京、上海、天津、长沙、澳门等地开办了《中外纪闻》《强学报》《时务报》《国闻报》《湘报》《知新报》等报纸媒体，为变法救亡大造舆论，形成一股强大的社会潮流，标志着中国精英文化的形成。值得提出的是，以康、梁为代表的变法思想已经超过洋务派"中体西用"的思想。1898年康有为在《应诏统筹全局折》中指出："今天下之言变者，曰铁路，曰矿务，曰学堂，曰商务，非不然也，然若是者，变事而已，非变法也。"他又指出："观万国之势，能变则全，不变则亡；全变则强，小变仍亡。"他明确指出中国不能只"变事"，要"变法"；不能仅"小变"，要"全变"。其实他们所谓的"全变"也就是实现"君主立宪"，由于自身的局限与环境的局限，他们还没有同传统文化做彻底的决裂，康有为仍打着孔子的旗号，用《公羊春秋》做幌子。尽管如此，他还是被顽固派指责为"其貌则孔也，其心则夷也"。这当然是专制主义所无法容忍的，因此喧闹了三个月的"戊戌变法"终于以失败告终。

"戊戌变法"的失败雄辩地证明，在专制主义的框架下是不可能进行自上而下的社会变革的，只有进行自下而上的革命才是民族复兴的必由之路。因此，"变法"失败后，革命浪潮开始在中华大地涌起。1903年，革命家陈天华撰写了《警世钟》《猛回头》两本小册字，明确提出反帝必须先反清的思想主张，鼓吹"革命独立"；同年，年仅18岁的青年革命家邹容写了《革命军》一书，宣称革命是"天演之公例"，是"世界之公理"，革命从根本上是为了"扫除数千年种种之专制政体""脱去数千年种种之奴隶性质"，"我中国今日欲脱满洲人之羁缚，不可不革命；我中国欲独立，不可不革命；我中国欲与世界列强并雄，不可不革命……"与此同时，著名学者章太炎则对康有为等人主张的"公理未明，旧俗俱在"和"只可立宪，不可革命"的论调加以猛烈的抨击："公理之未明，即以革命明之；旧俗之俱在，即以革命去之。革命非天雄、大黄之猛剂，而实补泻兼备之良药矣。"（《驳康有为论革命书》）革命派的形成标志着思想精英已摆脱对统治者的依附而走向独立了。与此同时，一股重铸"国魂"的呼声席卷中华大地，它标志着沉睡已久的民族精神觉醒了。

在这场思想精英所领导的革命浪潮中，孙中山先生是当之无愧的旗手。早在 1894 年国内维新运动初兴之时，孙中山就在美国檀香山创办了民主革命团体——兴中会，明确提出"驱除鞑虏，恢复中华，创立合众政府"的革命纲领。1905 年 8 月，孙中山在日本会同华兴会、光复会及其他革命组织创建中国同盟会，进一步提出"驱除鞑虏，恢复中华，创立民国，平均地权"的纲领。同年 10 月，他又继续在《民报发刊词》上将这十六字革命纲领总结归纳为民族、民权、民生三大主义。这个纲领包含了反清的民族革命、反专制的政治革命和解决土地问题的社会革命，在当时的历史条件下是一个比较完善的民主革命纲领。同盟会建立后，在孙中山的领导下，革命派一方面与保皇派进行论战，另一方面还组织了多次反清武装起义，并最后取得了武昌起义的胜利，使得清王朝及数千年专制制度彻底灭亡！尽管孙中山并没有亲身参加武昌起义，但他仍然是辛亥革命的精神领袖，是中华民族最伟大的文化精英。从"师夷长技"到"中体西用"，从"变法维新"到"国民革命"，这个过程表明了中华民族正在走出近代的困惑，追求民族的新生。

第二节　中华优秀传统文化的现代境遇

辛亥革命的最终胜利在中国近代史上具有毋庸置疑的划时代意义。因为迄今为止在中国历史上从来只有一家一姓的改朝换代，没有过真正意义上的社会革命。民国的建立、共和制度的确立宣告了数千年君主制度的灭亡和传统封建社会的终结，揭开了现代社会的新篇章，同时也为民族文化精神的现代转换提供了现实的政治基础。因此，辛亥革命实质上是一场社会革命，它必然推动社会转型向纵深发展。然而中华民族是在背负着沉重的历史包袱的情况下开始其新生命旅程的，因此起步分外艰难、蹒跚。

一、艰难曲折的社会转型

1840 年的鸦片战争惊醒了中华民族的千秋美梦，使得中国历史发展进入一个全新的阶段。康有为后来在分析世界大势之变时也指出："吾永闭关，以为今之世犹古之世也。而不意自嘉庆之世，汽船骤出；道光之世，电线忽成；咸丰之世，铁舰创行；同治之朝，铁路交通；近乃电话四达，于是诸欧挟其异器，横行宇内，骎突全球……遂破吾数千年久闭之重关，惊吾久睡之大梦……"其实，对鸦片战争给中国带来的深远影响，马克思早于康有为几十年就富有远见地指出："英国的大炮破坏了中国皇帝的威权，迫使天朝帝国与地上的世界接触。与外界完全隔绝曾是保存旧中国的首要条件。"西方的坚船利炮绝不只是终结了腐朽清朝以及延续几千年的落后封建制度，也使持续数千年之久的传统文化面临重重危机，中国开始面临"三千年未有之大变局"。后来历史的发展完全如马克思所预言的那样。在西风的扫荡下，中国传统社会的自然经济、专制政治和守旧观念均陷入严重的危机之中，并一步步走向瓦解。到20世纪初，随着"戊戌变法"的失败和《辛丑条约》的签订，清帝国已处在风雨飘摇之中，帝王的宝座犹如一个即将爆发的火药桶，只要有某个事件点燃导火线，它就寿终正寝了。1911年10月10日，武昌起义终于点燃了这根导火线，炸毁了清帝的宝座。从表面上看，清廷的覆灭使中国陷入群龙无首、军阀混战的混乱局面，但从更深层次上看，它也是中国新社会诞生时所必经的阵痛，因为一个历史悠久、积弊甚深的传统社会要获得新生，仅靠一次革命是不可能解决所有问题的。

有一种观点认为中国的现代化属于一种"冲击—反应"的模式，即它是在西方资本主义的不断冲击下不断做出反应的结果，换句话说，它不是自发的、主动的。这一观点也许有它的偏颇之处，但它确实揭示了中华民族近现代以来在外来压力下对生存危机的反应过程。这种反应明显带有焦虑的情绪和急切的心情，在认识到中西巨大差距的情况下仓促"补课"。这种"急补"要么在官方的主导下（如洋务运动），要么在精英的鼓噪下（如戊戌变法）进行，既缺乏资本主义经济的充分发展，又缺乏启蒙运动的深入开展，更缺乏政治变革的官方支持。其中经济因素是最主要的，因为没有资本主义的充分发展就没有新生阶级力量（包括资产阶级和无产阶级）的壮大。而新生阶级力量的弱小又使得改革或革命的政治力量先天不足，理论准备不足。因此，无论是改革还是革命，全都缺乏应有的物质力量、阶级力量和精神力量，这也决定了中国现代化进程的艰难性与曲折性。

由于传统文化的变革并不是由内而外产生的，而是由外而内的，是在人类社会向现代化转型的进程中，在与外来侵略和外来民族的战争中产生的，所以这就使得传统文化在社会转型期内，不仅存在与现代文化的冲突，还存在着本土文化与外来文化之间的冲突。传统文化在现代文化和外来文化的夹缝生存中显得步履维艰。"我们正处在传统社会向现代化社会的'过渡时期'，我们的文化正处在打破原有秩序、重建新秩序的历史转型期。传统文化的积极因素与消极因素共同活在现代人的生活中，西方文化与中国文化共同作用于我们的实践行为，我们生活在一个多元重构的矛盾境地中，承受着多方面文化引力的作用。"

时代的潮流又是不可抗拒的，因此，尽管中国现代化进程艰难而曲折，但它还是在顽强地前进着。综观中国现代史，我们发现它的政治进程经历过这么几个阶段：首先是军阀割据和混战阶段。从民国建立到北伐战争，袁世凯及在其羽翼下孵化出来的北洋军阀诸系，作为封建残余势力与以孙中山为首的国民党革命力量进行着主宰中国命运的斗争。在这期间，随着马克思主义传入中国，中国共产党也作为一支新生的政治力量登上了历史的舞台，并在第一次国共合作中与国民党一起打败了北洋军阀。其次是第二次国内革命战争时期。随着北伐的胜利和中国的统一，以蒋介石为首的国民党反动派打着"训政"的旗号，企图建立一党专制、个人独裁的蒋家王朝，悍然向共产党开刀，由此揭开了第二次国内革命战争的序幕。然而此时，日本人陆续霸占东北、侵占华北，在民族危机日益凸显的情况下，蒋介石却倒行逆施，推行"攘外必先安内"的剿共政策，蒋氏政府的此举终于导致了全国抗日爱国人民的愤怒声讨与"西安事变"的爆发。然后是抗日战争阶段。在民族危难之际，国共两党再度合作，经过艰苦卓绝的抗战，终于在全民族的艰苦奋斗和世界反法西斯力量的有力支援下取得了抗战的胜利。最后是解放战争阶段。抗战胜利后，中国再次面临着"往何处去"的问题。中国共产党主动提出双方共同建立一个独立、自由、民主、统一、富强的新民主主义新中国，而蒋介石则破坏和谈，坚持内战、独裁的方针，公然挑起内战。历史终于做出公正的选择，拥有先进美式装备的国民党军队终究没能挽救蒋家王朝覆灭的命运，中国历史由此掀开了新的一页。

从辛亥革命到新中国建立这三十八年的曲折历程充分表明社会转型是一个长期而艰难的过程。尽管从表面上看，孙中山实现了建立民国的伟大理想，但三民主义中的民权主义和民生主义并没有真正实现；然而，从发展的眼光看，它毕竟在进步，在从黑暗走向光明。更重要的是，正是有了辛亥革命和建立民国这个政治转换，才为优秀传统文化的现代转换开辟了道路。因此，优秀传统文化的现代转型既要以政治转变为前提，又不能以政治转变为终结。就前者而言，不进行政治转换，封建意识形态的正统性就无法彻底否定，自由、平等、民主、人权的正当性就难以得到承认，且不说西太后对戊戌变法的扑杀，就算是清末的光绪皇帝对维新派一些较进步的政治主张亦不予认同。反之，正是由于实现了推翻帝制、建立民国的政治转换，哪怕它最初还是形式上的，哪怕国家政权还抓在封建军阀的手中，但思想精英毕竟有可能从对政权的依附中摆脱出来，"民权"毕竟已从理论上取得它的正当性，可以理直气壮地倡扬了；封建王权毕竟被人民唾弃了。就后者而言，即使实现了政治转换，也不等于万事大吉，窃国大盗、独夫民贼打着"民"旗反人民的事并不鲜见，为了维护他们的统治利益，他们必然继续推行愚民政策，妄图把名义的民国变为实际的君国。袁世凯解散国会、践踏约法，自封终身总统，甚至黄袍加身，全都打着民意的旗号；民国时期蒋介石虽然集党、政、军等各种大权于一身，也没有忘记打"国民"这一张牌。他们的独裁野心之所以能够得逞，反过来又说明民主精神还没有融入全民族的灵魂中去，因此，优秀传统文化的转换未能完成，许多知识精英继续不断探索冲突中的中国传统文化发展道路。

二、多种路向的上下求索

民国建立后，尽管中国形成了军阀混战的政治局面，但在思想文化领域出现了前所未有的繁荣。"军阀时期既是混乱的时期，又是具有创造性的时期，这并不自相矛盾，因为在受传统约束的中国社会中，新的方式只有在旧的模式崩溃之后才能进行尝试。"在中国历史上，正是春秋战国的"礼崩乐坏"和诸侯混战才促发了思想精英对社会问题做深刻的思考，从而带来了"百家争鸣"。在中国现代，思想的求索也是与社会的内忧外患息息相关的。总的说来，这些求索大体上可分为三个路向，即"向后看"的保守主义（实质是封建主义）、"向前看"的自由主义和"全方位"的马克思主义。

最先爆发的是自由主义思潮与封建复古主义思潮的斗争。1912年3月，窃国大盗袁世凯迫不及待地登上了中华民国大总统的宝座。无论从出身还是思想意识来看，袁世凯都是封建势力的残渣余孽，为了复辟封建帝制，他师法历代封建帝王，祭出了"尊孔"这个法宝，声称"中国数千年来立国之本在于道……孔子之道，亘古常新，与天无极"。因此，袁世凯上台后就接二连三地发出《大总统祭圣告令》《复学校祀孔命令》等，声称要"整饬纲纪""遏横流""正人心"。袁手下的爪牙，许多省的都督或省长也遥相呼应相继发出通电，或要求推广祀天祀孔，或要求尊孔教为国教。北洋政府也公然发布《国民学校令》，正式将"读经"科目列入教育的课程体系之中，一时搞得整个社会乌烟瘴气。袁世凯垮台后，中国陷入军阀混战的局面，而康有为却把这归罪于革命、共和，认为这是"谬慕共和政体之故"，叫嚣要"举辛亥以来新法令尽火之，而复其旧"，宣称孔教是"中国之国魂"，鼓吹必须将孔教明确成国教。与康有为唱和的是梁启超。早在革命前，梁启超就曾写《开明专制论》一文为清廷服务，革命后仍以此论为袁世凯等军阀的专制统治提供理论依据。他宣称国民十分幼稚，政府必须实行"保育政策"。这是公然把他个人的主张说成是国民的要求。其实，开明专制不过是精英对君主的"单相思"罢了，因为在专制制度下，开明必然成为一句空话，历史上孔、孟都是主张开明专制的，到独夫民贼手中就变形、变质。难怪有论者指出："梁启超的开明专制论为袁世凯、段祺瑞之流建立专制独裁统治，在理论上帮了大忙。"

与这些封建残余势力不同的是知识精英中以梁漱溟等为代表的东方文化派。以第一次世界大战为契机，部分知识精英认为西方文明已经开始呈现衰败景象，而只有用东方文明才能拯救西方文明。梁漱溟极力美化中国文化，他说："我又看着西洋人实在可怜，他们当此物质的疲敝，要想得精神的恢复，而他们所谓精神又不过是希伯来那一点东西，左冲右突，不出此圈，真是所谓未闻大道，我不应当引导他们于孔子这一条路了吗？"这就完全否定了西方文明（相对于封建文化而言）的历史进步性。而且，他把中国文化与孔子文化等同起来，这等于把汉以后封建专制的罪恶都算在孔子账上了。另一个现代新儒家的代表熊十力则严格地把儒学与封建意识形态区别开来。他说："二千余年学术，名为宗孔，而实沿秦汉术数之陋，中帝者之毒。"他抨击汉唐经师"篡改孔子，使文化归本忠孝""汉宋群儒……无一不是伪学。其遗毒之深直令夏族萎靡莫振"，因此他以"天不丧斯文"的使命感，构筑了以儒为宗、糅合佛学、兼采西学的"新唯识论"。其实孔子被封建帝王所利用并非偶然，因为孔子也是鼓吹忠孝、严格名分的，既要反专制主义，又要捧孔子之道，必然使自己陷入两难的境地。而且，在自由、平等、科学、民主初播的旧中国，新思想尚未生根、开花，培育、护养尚任重道远，匆忙鼓吹回归孔子之道必然被独夫民贼所利用。在这一点上蒋介石就是一个典型例子。

蒋介石在革命的早期将自己伪装成彻底的革命者，以此骗取了孙中山先生的信任。然而在他打败各派军阀统一中国后，就撕下革命的伪装，他以"训政"为名，政治上大搞专制独裁。文化上他效法袁世凯等旧军阀，大吹封建道德，大讲阳明心学。然而，蒋比袁更深知封建政治之"三昧"，他不像袁那样只做表面文章，而是从民族精神入手，动不动就讲"民族"，讲"精神"。1934年年初，蒋介石打着"复兴民族"的旗号，一面在围剿红军，另一面却发动所谓的"新生活运动"，叫嚷要"以新生活刷新民族精神"，大力提倡什么"礼义廉耻"，要大家做国家的良民，做家庭的肖子，做守礼法的君子，企图借助封建思想奴化人民。他以革命领袖自居，居然说"革命领袖的信徒，也一定要如宗教信徒之于宗教信仰一样，精诚热烈，笃信笃行，身心全体归向，始终贯彻到底，这样才是一个真正的信徒"。1939年，在抗日战争烽烟弥漫的时候，他又大搞"国民精神总动员",再次搬出封建的"四维""八德",把它说成是救国的道德。1943 年 3 月,他又扔出《中国之命运》一书,声称封建主义的"父子、夫妇、兄弟、朋友之道,上下尊卑、男女长幼之序实为社会生活不变的常理",叫嚷要进行五项建设,其中"心理建设"又称为"国民精神建设",就是要"发扬民族固有的精神";"伦理建设"是要恢复"我国固有的伦理,以忠孝为根本";"政治建设"其实就是要推行他那个"训政",而实质是选择比欧美民主更落后的独裁政治。他还鼓吹什么"一个主义、一个领袖、一个政党",说到底就是封建时代"一个道统、一个皇帝、一个法统"的现代翻版。我们应该看到,蒋介石鼓吹封建文化,其性质与梁漱溟、熊十力等新儒家是完全不同的,梁、熊等作为独立的知识精英鼓吹儒学,毕竟还是以一种社会责任感真诚地在为这个文化寻找出路;而蒋、袁之流则是"醉翁之意不在酒",他们与封建帝王一样,不过是假孔子之名而行专制之实罢了。但是 20 世纪的中华民族已经不是秦皇汉武时代的无知臣民了,因此,蒋介石的"国民精神建设"并没有使他的蒋家王朝千秋万代,而是被日渐觉醒的民众所推翻。

另外,与"向后看"的保守主义探索路径不同的是"向前看"的自由主义求索路径。自由主义是近代中国西风东渐、思想启蒙和社会转型的必然结果,而清廷的覆灭与民国的建立则为自由主义的大发展提供了条件。从形式上说,民国是建立了,但袁、蒋的黑暗统治使自由派感到自由民主的理想仍然没有实现,最根本的是民族精神还没有实现彻底的现代转换。

早在 1916 年,自由主义的先锋陈独秀在其《吾人最后之觉悟》一文中就指出了近代西风东渐以来国人觉悟的渐进过程:最初觉悟的是学术(按应指科学、技术);其次为政治的觉悟;但"三年以来,吾人于共和国体之下,备受专制政治之痛苦……然自今以往,共和政体果能巩固无虞乎?立宪政治果能施行无阻乎?以予观之,此等政治根本解决问题,犹待吾人最后之觉悟"。这实际上已经看到民族文化与民族精神的改造、健康伦理与独立人格的培养,才是改造中国社会最根本的问题。他认为,如果"共和立宪而不出于多数国民之自觉与自动,皆伪共和也,伪立宪也,政治之装饰品也"。"民主政治绝非靠政府、党派、伟人从上面所赐予,而是靠多数国民自觉自动地争得的。倘若整日仰望善良政府、贤人政治,其卑鄙陋劣,与奴隶之希冀主恩、小民之希冀圣君贤相施行仁政无以异也。"这已经非常准确地击中了中国国民性的要害和痛处。于是,以陈独秀为首的自由派以《新青年》为阵地,在国内掀起了一场浩浩荡荡的新文化运动。这场运动以科学和民主为武器,抨击封建名教,号召朝气蓬勃的青年批判封建主义。另一位新文化运动的健将吴虞更直接喊出了"打倒孔家店"的标语，他大声疾呼："儒教不革命，儒学不转轮，吾国遂无新思想、新学说，何以造新国民？悠悠万事，唯此为大！"这又把批判儒教与造就新国民直接联系起来。比吴虞更深刻的是李大钊提出了"民彝"的进步史观，他从辛亥革命以来的历史教训中得出结论："英雄主义乃专制之原""迷信英雄之害，实与迷信历史同科，均为酝酿专制之因，戕贼民性之本，所当力自剪除也"。为了破除英雄迷信，他对《诗经·大雅·烝民》中的"民之秉彝，好是懿德"做出了新的解释，认为"民彝"即心理之自然，又引申为"民欲""民意"，他正确地看到，好的政治能"信其民彝，彰其民彝"；糟糕的政治，则会"屈其民彝""蔽其民彝"。所以"政治者，一群民彝之结晶"。这里所说的"民彝"已经类似我们现在所说的民族精神了。以"民彝"史观为依据，李大钊强调国民要自觉其权威，尽自己的责任，他说："时至今日，圣人既不足依，英雄亦莫可恃，昌学之责，匹夫而已。国一日未亡，责一日未卸。"由此可见，从后来鲁迅先生改造国民性的思想层面而言，陈独秀、李大钊已经先开其先河了。

二三十年代鲁迅对国民性的批判是中华民族精神现代转换过程中最重要的一环。鲁迅以他独具的慧眼，创造了阿Q这个典型形象，对国民劣根性如自私、麻木、愚昧、怯弱等做了入木三分的针砭，对那些愚昧的民众，他既"哀其不幸"，又"怒其不争"；而对那些"万劫不复的奴才""从奴隶生活中寻出'美'来，赞叹、抚摩、陶醉"，则进行了充分的辛辣的讽刺和无情的鞭挞："红肿之处，艳若桃花；溃烂之时，美如乳酪。"他同时对国民形成这种劣根性的深层次原因以及今后改造的路径做了分析探讨。他认为"中国人像一盘散沙……是被统治者'治'成功的"。圣人之徒拼死捍卫封建伦常，正因为它造成"人的能力十分萎缩，社会的进步也就跟着停顿"。因此，"最要紧的是改革国民性，唯有民魂是值得宝贵的，唯有它发展起来，中国才有真进步"。尽管他对民族劣根性做了无情的揭露，但他还是深深地热爱着自己的祖国和人民，并抱定"我以我血荐轩辕"的决心，用他的匕首、投枪与保守势力做坚决的斗争。鲁迅的事业虽然未竟，但中国的马克思主义者——中国共产党人作为一支新兴的政治力量，在鲁迅之后把中华民族的新文化推向一个新的高度。

马克思主义传入中国并逐渐兴盛并不是偶然的，而是有深层次原因的。首先是俄国"十月革命"的影响。在新文化运动期间，中国的思想界、文化界和知识界异常活跃，知识阶层和精英均在摸索中国社会今后发展的路向和可能。马克思主义理论在俄国革命具体实践中的成功为向西方寻求真理的中国知识分子提供了一个现成的榜样。其次是中国社会现实的需要。当时中国思想文化领域基本上是保守主义和自由主义两大派在较量，保守主义的文化取向是民族性的，学源是传统的，这就使他们难以解决时代的课题。特别是保守派中的新、旧军阀都是假传统之名行专制之实，广大人民和知识分子对此非常不满；现代新儒家虽真诚为中国文化寻找出路，但他们所鼓吹的思想与军阀有异曲同工之妙。自由主义的文化取向虽是时代性的，但他们的学源是西方的，他们不顾中国国情，过于迷信西方资产阶级"自由""民主"的灵丹妙药，甚至提出"全盘西化"的主张，如胡适和陈序经就是这方面的重要代表。然而，由于自由派缺乏强大的政治力量为后盾，无法把他们的政治理想付诸实践，在蒋介石文化专制的迫害下，在国、共两大政治力量的竞争下，他们也在分化，有的成了反动政权的附庸，有的彻底转向社会主义，剩下一些坚持走"第三条道路"的最终也逐渐被边缘化，直至消失。由于保守主义和自由主义的文化取向皆有所偏颇，无法真正解决中国的出路问题，一些先进的知识分子渐渐认识到要改造中国，就必须走俄国革命的道路。

十月革命后，国内少数优秀的知识精英开始转向马克思主义，并积极在中国宣扬和传播马克思主义，李大钊就是这方面的先驱。1918 年 7 月，李大钊发表《法俄革命之比较观》，文中赞扬俄国的十月革命从根本上而言是 20 世纪整个世界全人类内心寻求变革的显性标志。是年 10 月 15 日，他又在《新青年》同一期上连续发表了《庶民的胜利》和《布尔什维主义的胜利》两篇文章，积极宣传十月革命的作用和意义。五四运动之后，《新青年》专门出版了"马克思研究专号"，李大钊发表《我的马克思主义观》一文，全面、系统、客观、科学地介绍马克思的历史唯物主义、阶级竞争说和经济发展理论。在李大钊的直接影响下，陈独秀慢慢也开始转向马克思主义。1919 年 12 月他在北京的《晨报》上发表了《告北京劳动界》一文，宣称 18 世纪的德谟克拉西是新兴财产工商阶级的，而现在 20 世纪的德谟克拉西则属于新兴无产阶级。此后他一直致力于马克思主义的研究宣传和弘扬工作，成为 20 世纪 20 年代最有影响力的马克思主义理论学说宣传家和中国共产党的第一任总书记。在李、陈之后，瞿秋白、鲁迅、郭沫若等人也相继转到马克思主义阵营中来。

20 世纪二三十年代，国内思想界各派先后围绕着东西方文化、科学与玄学的人生观、中国社会根本性质等焦点热点问题展开大讨论，马克思主义者也积极参加了这场口诛笔伐的讨论。陈独秀极力痛斥了东方文化派宣传主张的那些重君轻民、重男轻女、忽略物质世界的繁荣、重心灵等论调。瞿秋白则指出，残酷的帝国主义和落后的封建制度是影响东方民族文化进步的关键性障碍，只有彻底地推翻宗法制和封建制度，才能推行新文化。在科、玄论战中，陈独秀、瞿秋白以历史唯物主义为武器，批判了玄学派反科学的自由意志论。不过总的来说，那时的马克思主义者只能从宏观上为中国前进道路进行勾勒和把握，依旧没能从根本上寻找到解决文化进步的原则、路线、步骤等问题的方法，直到1940年毛泽东《新民主主义论》发表后，才科学地找到了发展建设中国民族文化的道路、方针、步骤、方法，才正确阐明了建设新文化同吸收借鉴外国文化和传承民族文化的关系。

在《新民主主义论》一文中，毛泽东通过对中国社会的根本性质与中国革命的性质的论述来阐释分析新文化建设。他首先分析了中国当前处在一个半殖民地半封建的社会形态，它决定了中国的革命要经过两个阶段：第一个阶段是反帝反封建的民主主义革命，第二个阶段才是进行解放与发展生产力的社会主义革命。

第一，由于十月革命的胜利开辟了无产阶级社会主义划时代的新里程，从此以后无论世界哪个殖民与半殖民地国家爆发的反帝反殖民斗争与革命，通通不再属于过去旧的资产阶级和资本主义的革命，而属于新兴的无产阶级社会主义革命和斗争的重要组成部分。

第二，首先，从革命的领导权来看，中国的民族资产阶级由于先天不足后天失调，根本无法完成反帝反封建这两大任务，而中国无产阶级逐渐成熟，并建立了自己的政党——中国共产党，这样革命的领导责任就不得不落在无产阶级的肩上。因此，究竟是由资产阶级还是无产阶级来领导中国人民进行反帝反封建的民主主义革命成为区分新旧民主主义革命的关键标志。其次，毛泽东高瞻远瞩地指出了新民主主义革命发展的最终方向就是社会主义革命。尽管新民主主义革命的性质在某种程度上还带有资产阶级民主主义革命的色彩，革命的过程中也在为资本主义的发展清除障碍，但由于这个革命又是在无产阶级领导下进行的，所以这场革命必将为社会主义进步与繁荣开拓一条全新的坦途。最后，毛泽东在论证阐述了新民主主义革命的政治与经济纲领之后，创新性地提出了新民主主义革命时期文化建设的纲领。他指出，新民主主义文化从根本上而言就是无产阶级带领广大人民群众进行反帝反封建的文化，简而言之就是"民族的、科学的、大众的文化"。"民族的"，就是坚决反对殖民主义文化压迫、文化入侵和文化渗透，积极维护中华民族的自尊、自信、自强。"科学的"，就是要坚决肃清一切封建残余的落后腐朽思想，反对愚昧和迷信，反对唯心主义，要求一切从实际出发，主张主观与客观相统一。所谓"大众的"，就是要使文化最终为广大人民群众服务，并不断融合成他们自己的文化，所以大众的也是民主的。

为此，毛泽东在文中指明了一系列建设和发展新民主主义文化的具体措施和方针。

一是要正确妥当地处理好传统文化与现时文化的关系。他指出，首先我们必须了解、尊重自己民族的历史，但这种尊重，并不是对历史全部的肯定与保留，而是将历史放置于科学的层面，对历史进行科学的批判与分析，绝非简单地毫无辨识地全盘吸收，而是要对历史进行批判的继承，抛弃其封建落后的内容，吸收现代需要的合理的内容。

二是要正确处理好本土文化与外来文化的关系。他认为现阶段要充分吸收世界其他民族古代的、近代的（甚至包括资本主义启蒙时期的）进步文化，作为我们自己文化建设的营养。但这种吸收必须经过科学的分析和选择，而不是机械照搬，更不能搞"全盘西化"。即便是对于马克思主义真理，也必须充分考虑中国的具体国情，将马克思主义的基本原理与中国革命的具体实践有机地相结合、相统一，绝不能主观地、公式地机械化应用它。

三是正确处理文化普及与文化提高两者之间的关系。社会主义的文化首先必须面向广大劳苦大众，在中国，广大人民备受三座大山的压迫和剥削，不仅生活困苦，文化水平还极其低下，所以需要在全社会提高劳苦大众的文化水平。他还认为，在重点做好文化普及的基础上，还要兼顾性地做好文化水平和层次的提高工作，不能让劳苦大众的文化水平永久地停滞在一个层次上。

总之，毛泽东对新民主主义文化的理论构想既全面又系统，既通俗又深刻，他所概括的新文化内涵和发展路向打破了保守主义与自由主义的局限，从根本上实现了民族性与时代性的统一、科学性与民主性的统一，不但为中国新民主主义革命时期的文化建设指明了方向，对后来社会主义革命时期的文化建设也产生了极为特殊的长远的指导意义。

三、民族的新生与文化的迷茫

1949 年 10 月 1 日中华人民共和国成立，标志着鸦片战争以来中华民族经过百年奋战，一直压在中国人民头上的帝国主义、封建主义、官僚资本主义三座大山终于被推翻，中国人民从此站起来了。新中国的建立使全国人民欢欣鼓舞，广大工农群众爱国热情空前高涨，知识分子也衷心拥护新生的社会主义中国，一些中坚力量如民主党派也主动向共产党靠拢。海外侨民和留学生则纷纷千方百计回国，积极投身社会主义建设。总之，神州大地出现一派万象更新的喜人景象。

1956 年 4 月 28 日，毛泽东在中央政治局的扩大会议上明确提出了旨在发展和繁荣文艺、学术的"双百"方针，他说："'百花齐放，百家争鸣'，我看这应该成为我们的方针。艺术问题上百花齐放，学术问题上百家争鸣。"后来又在多个场合重申了这个方针。

然而，"双百"方针没有得到贯彻落实。最让人扼腕叹息的是"文化大革命"不但极大地伤害了知识分子的感情，而且给中国的经济建设和文化建设造成了无可弥补的损失。中外历史表明，知识分子作为民族的精英，担负着社会批判、建设和创新的特殊使命，一个社会如果缺乏这种批判、建设、创新的健康力量，必然失去生机活力，造成社会的停滞甚至倒退。然而，即使在那样的年代里，优秀传统文化的理性精神也没有死亡。

第三节　中华优秀传统文化的当代误读

改革开放以来，随着国门的打开和视野的开拓，随着真理标准的讨论和思想解放运动的开展，中国理论界、学术界和思想界真正出现了"百花齐放，百家争鸣"的繁荣景象，掀起了一波经久不衰的"文化思潮""文化热"。在这场持续二十余年的文化论争中，既有对传统文化的检讨，也有对新中国成立后文化建设失误的反思；既有对现代中国文化性质的争论，也有对中国文化今后发展道路的展望。有趣的是，由于中国现代社会转型的曲折，这场文化论争又再现了类似于 20 世纪二三十年代的自由主义、保守主义、马克思主义三个路向。就其发展演变而言，它大约可分为两个阶段，即 20 世纪 80 年代至 90 年代初期的"反思热"和 20 世纪 90 年代以来的"传统热"。大约以 1990 年为界，"反思热"开始转向"传统热"，在西方的后现代主义思潮的推波助澜下，文化保守主义俨然成为学术界的"显学"，这就从一个极端走向另一个极端。但不管"反思热"还是"传统热"，优秀传统文化都是三派共同关注的焦点。

一、复古主义思潮的兴起

近年来，随着西方道德危机的出现，越来越多的人将眼光聚焦到中国，聚焦在中华优秀传统文化上，还有一部分社会精英不断倡导"只有传统文化才是中国的文化，只有儒家文化才是传统文化，因此只有儒家文化才能成为中国文化的代表"的狭隘的"民族文化论"。

"复古主义"的文化思潮严重冲击着优秀传统文化在当代的传承。这种将两千年以前所有传统文化全盘吸收的文化思潮，对优秀传统文化的生存和发展形成了冲击。它加剧了优秀传统文化生存环境的复杂性与艰巨性，使得人们更难以区分传统文化的优劣，不断使人曲解和误解优秀传统文化的内容，阻滞优秀传统文化与马克思主义基本原理相结合，阻滞优秀传统文化与西方各民族优秀文化和现代文化相结合，延缓优秀传统文化向现代转型。

中国是当代的中国，中国当代先进的文化应当包括当代各种先进思想，特别是不能离开马克思主义理论的指导，必须是以马克思主义文化为主流的文化，绝不能离开与世界各民族优秀文化的交流与借鉴。因为历史证明，马克思主义是指导中国革命和建设的根本，优秀传统文化是中国的民族特色、民族血脉，世界其他民族的优秀文化是我们的有益补充，只有将优秀传统文化与马克思主义基本原理、世界其他民族的优秀文化相结合，才是我们当代中国特色社会主义文化建设的根本途径。

二、历史虚无主义思潮的冲击

在中国近代史中，历史虚无主义往往是与"全盘西化"纠合在一起而出现的，这种思潮一般对本民族优秀传统文化、优秀历史文化遗产采取蔑视和虚化的态度，大肆宣扬西方资产阶级人性论，极力鼓吹西方文化，主张推崇以西方资本主义国家实行的政治、经济、法律和社会保障制度为核心的价值观，对中华民族的传统文化进行全面否定，主张对文化进行全盘西化，全面否定本民族文化的存在意义和存在价值。历史虚无主义是伴随着西方文化的强势进入，部分中国人不断产生文化自卑感出现的。

历史虚无主义的思潮必然冲击我们的以"道"为核心的优秀传统文化体系，对以自强不息为核心的民族精神，对"公正、好善、宽容、和谐"的优秀品质进行抹杀，"民本、德政"的优秀思想和"礼法合治"的先王之制被扣上了"愚昧""丑陋""落后""封建"的帽子，而且充满"奴性"，带有逃避现实的消极落后色彩等。一个民族的文化发展史如果被蓄意进行篡改、遗落，优秀传统文化遭到否定、诋毁，中华优秀传统文化必然面临严峻的挑战。

习近平指出："中国共产党人是马克思主义者，坚持马克思主义的科学学说，坚持和发展中国特色社会主义，但中国共产党人不是历史虚无主义者，也不是文化虚无主义者。"因此，我们必须清醒地意识到历史虚无主义思潮对优秀传统文化传承将带来严重的冲击与挑战，应坚持运用历史唯物主义的基本原理，旗帜鲜明地批判历史虚无主义思潮，引导广大群众正确认识和对待优秀传统文化，以高度的文化自觉和文化自信，积极践行社会主义核心价值观。

三、功利主义思潮的侵蚀

随着市场经济的深入，在唯心主义的驱动下，许多优秀传统文化元素被单独剥离，脱离文化体系的解释，人们忽略历史背景，一味追求人物形象的靓丽、历史故事的奇趣，随心所欲地修改文化内容本身，为优秀传统文化涂抹色彩。许多地方过度消费历史名人，一些地方为了提高收入，大搞"文化旅游"，大肆编造虚假历史故事，大搞文物造假。

这些都使得优秀传统文化浮躁化、单一化和贫困化，这些对优秀传统文化的传承有百害而无一利。正如有学者评价："对于文化而言，商业化过程会从市场角度和物质角度对文化发展进行推动，但是商业化的文化出于自身的需要往往以观者新奇、作品的经济效益作为出发点去迎合市场，这违背了文化的社会性，如果就此发展，对文化发展和整个社会将是具有危害性的。在商业化的过程中，文化作品具有一定的商品性质，但是它不是商品。在商业化过程中，文化作品确实被赋予了一定商品的性质。但是文化还有一个神圣性，即它是人类思想精神的表示，对社会有前导性和驱引性，它是独立存在于人类文明之中的。"因此，我们当前面临的问题是如何把优秀传统文化推广到大众中去，在广大人民群众中传播弘扬优秀传统文化，使优秀传统文化通俗化、大众化，为广大人民群众所接受，让普通大众认识、理解和掌握中国传统文化的精髓。传统文化只有成为大众文化，才会焕发出无限的生机，才能得到传承和发扬。特别是在市场经济社会中，市场化运作可以有效推动优秀传统文化的传承，使优秀传统文化成为现代人的精神的有益补充。例如，爱国、勤劳、勇敢、知耻、重视道德修养，这些方面可以应对市场经济社会的弊端。然而在现实中对传统文化的通俗化、大众化解读一旦稍有不慎，就极易滑向庸俗化乃至"戏说"的误区。我们要避免优秀传统文化功利化、低俗化。优秀传统文化的传承始终是目的，而市场化运作始终是手段，应避免打着保护传统的幌子进行商业化盈利。所以在商业运作中应时刻以服务优秀传统文化传承为宗旨。在传承优秀传统文化的过程中，应当切实树立起主人翁意识，担负起社会责任，牢记优秀传统文化对华夏民族的重大意义和影响，小心珍惜，倍心呵护。

四、经院主义思潮的流行

随着明末清初考据学的发展，一直以来，优秀传统文化特别是思想观念领域逐渐停留在经注式学术研究的层面。郭沫若曾说："欲论古人或研究古史，而不从事考据，或利用清儒成绩，是舍路而不由。"所以在这种思想的影响下，优秀传统文化逐渐停留在学术研究的层面，缺少关注现实性，过多关注学术性，"书斋气、经学气、玄谈气"日渐浓厚，学术化的程度日益加强，当学术化发展到极致后，就使优秀传统文化经院化。经院化使优秀传统文化停留在玄而又玄、高深莫测的所谓"纯粹学术"层面，根本不理会生活、实践的要求和呼声。另外，传统文化典籍的注释没有用现代语文的诠释，实现语言表达的经典化和通俗化，让人不知所云，读起来就像吃夹生饭。因此，优秀传统文化日渐远离现实，远离普通百姓的日常生活，优秀传统文化的部分内容接不了地气，抽象的理论无法向具体化的现实生活转变，其学术风格和做派不易为大众所接受。最终，中华优秀传统文化逐渐走向学问化、学科化，以至于变成一种知识论规训，从而被经院化。

然而真正具有生命力的优秀传统文化必然是学术性和生活现实性相统一的。历经几千年风雨的中华优秀传统文化长盛不衰，证明了其具有学术性与现实性的统一。优秀传统文化是中华民族全体劳动人民集体智慧的结晶，普通民众对优秀传统文化的渴求是使中华优秀传统文化从过去走向今天，在未来永续传承的根本原因。优秀传统文化首先应当以大众为基础，成为人民群众自在自发的文化选择，这是历史发展的必然要求，也是我们传承创新优秀传统文化的根本目的，更是中国社会向现代化转型的现实需要。

因此，优秀传统文化不应仅仅停留在学者、研究者的学术生活中，不应该只出现在政府机关的推广和营销中，也不应只停留在学校传统文化课程中，而应当超越政治、教育、宗教的影响，跨越地位、族群、职业、性别、阶层、年龄等的界限，让更多普普通通大众所掌握，使全体人民所拥有。要改进思想，把研究与教学、与普及相结合，将优秀传统文化融入当代中国新的文化体系，以及新的文化观念构建中。要使优秀传统文化走出经院化的层面，就必须让普通人民群众认识、理解和掌握中华优秀传统文化的精髓，通过通俗化的语言、直白化的表达在人民群众中推广优秀传统文化，使优秀传统文化真正成为人民的精神动力，成为人民的文化血脉。

第四章　中华优秀传统文化的发展、传播现状

在经济全球化的过程当中，各民族文化纷繁复杂地交织碰撞，既给我国的传统文化带来了机遇，同时也带来了挑战。我们要理性对待中国传统文化，要迎接挑战，更要发现机遇，培养文化自信，继续传承与发扬我国优秀的传统文化。本章分为中华优秀传统文化在国内的发展现状、中华优秀传统文化在国外的传播现状、中华优秀传统文化面临的机遇与挑战三部分。主要内容包括：孔子文化在东亚地区的传播、孔子文化在欧洲的传播、孔子文化在美国的传播等方面。

第一节　中华优秀传统文化在国内的发展现状

总体而言，我国文化产业起步较晚。党的十六大和十七大以来，我国从理论层面区分了文化事业与文化产业，文化产业的商业属性也确定下来，同时支持文化产业发展的相关政策也陆续出台，为我国文化产业的发展铺平了道路。2006年，国家统计局首次发布了我国文化产业最新的统计数据。数据显示，我国文化产业增长态势凶猛，相关从业人员人数越来越多，但与发达国家相比，我国文化产业仍处于弱势地位。由于我国加入WTO后结束了过渡期，一方面，我国的文化产业完全可以利用国内市场和国际市场，学习借鉴发达国家在拓展文化产业领域方面的经验；但另一方面，也深深感受到了我国弱势文化产业所面临的冲击和挑战。这种冲击的后果是严重的，因为文化产业具有商业和意识形态的双重属性，即文化产业不仅创造经济价值，同时文化产品和文化服务传播并建构文化价值，并再生产文化身份，对社会凝聚力有着重要的作用。因此，我们在大力引进国外文化产业的生产技术、管理经验、资金以及竞争主体的同时，必须深刻认识到我国文化产业所遭受的冲击和挑战。

随着我国进一步融入世界经济体系，特别是加入WTO，众多跨国文化公司在虎视眈眈地盯着中国文化市场。这些跨国文化公司携资金、技术、管理以

及市场营销方面的优势入驻我国的文化市场,一定会对我国文化市场主体的生存空间造成挤压。虽然我国长期以来形成了文化发展的既定思路,在确定发展文化产业的战略后,着力培育文化市场主体,先后组建了一批大型传媒集团,通过改革结束了长期以来的"双轨制",进一步改变一线文化机构与国家的关系,使之形成独立的市场主体。但是,因为这些产业集团的组成都是在政府的安排下进行的,而不是市场竞争的结果,市场在资源配置中的基础性作用被取代,市场主体的作用被强势弱化了。

还有,目前我国文化市场缺乏规范的准入和退出机制,公平的市场竞争关系也尚未形成。大批民营文化企业虽已经进入文化市场,但由于体制不健全等原因,民营文化企业的经营步履维艰,致使我国文化市场主体的发育不健全。

第二节　中华优秀传统文化在国外的传播现状

中国传统文化博大精深,吸引西方一些国家纷纷前来学习。世界各国于2004年开始建立孔子学院,孔子学院是国际文化交流的重要机构,在那里我国得以开展推广汉语、传播中国文化教育和文化交流等活动。从2004年世界上第一所孔子学院成立至今,孔子学院的规模不断扩大,数量也不断增多。现在,在全球各地已经有162个国家建立了500多所孔子学院,1000多个孔子课堂。如今,国外学校国际化的重要标志就是孔子学院的建立。同时,孔子学院的地位也越来越高,并且成了我国公共外交的重要名称。孔子学院这个名字被大众所熟悉,之所以以孔子命名是因为孔子被大众所熟悉和认同。孔子学院传播中国传统文化的力度很大,传播的范围广,代表着我国的文化底蕴,还可以作为世界各个国家沟通学习的重要纽带,所以现在我国已经把孔子学院的建立作为中国传统文化走向国际化的重要途径。孔子学院遍及世界各地,在非洲的发展相当迅速,并且有着非常好的发展前景。另外,还有46个非洲国家已经建立起了孔子学院,这些国家一共有60多所孔子学院和40多个孔子课堂。孔子学院在非洲不仅可以传播中华文化,还可以增进中非友谊、促进中非合作,使中非成为战略合作伙伴。多年来,为了提高孔子学院的宣传力度和促进更好地发展,满足各个国家学习中国文化的要求,孔子学院的总部派出大量志愿者,从而促进了中非和各个地区的友好发展。

孔子学院现今为了了解各个国家和地区间的文化差异,正在实施新汉学计划,以便更好地传播中华民族几千年的传统文化。今后孔子学院将会再接再厉、不断创新,让亚非拉等国家不仅可以学习到中国的传统文化,还能让这些国家学习中国技术。孔子学院将会办得更有特色，彰显文化的高层次。中国与世界各国之间还应该加强文化交流，这就需要我国加大开放力度，让更多的学生可以走出国门，将中国的优秀传统文化传播到世界各个地区，让其他国家的学生也能爱上中国文化，并能感受到中国传统文化的浓厚氛围。中国是世界四大文明古国之一，旅游和文化是密不可分的，在我国加大开放力度的同时，旅游文化可以把中国文化传播出去，使中国文化走出国门，与各国进行文化交流；旅游还能够让中国传统文化深入人心，使文化更加立体。旅游是文化的载体，能够做到承载文化、传播文化；文化是旅游的灵魂，能够丰富旅游的乐趣和价值。我国也应该利用文化带动经济的发展，使中资企业走出国门，能够与全世界各个国家互相交流、互相进步。

一、孔子文化在东亚地区的传播

孔子文化在东亚地区传播得非常广泛，对东亚地区的影响也非常巨大。学者们对儒家文化进行了深入的研究，他们从不同的角度对孔子文化在东亚地区的传播进行了反复分析。孔子文化之所以能在东亚地区广泛传播并且能够有所发展，是由多种因素造成的。其中，较为重要的因素有：东亚地区的相关政府对孔子文化的大力支持、在制度上以科举制度的建立为保障、鼓励当地学生到中国来学习、儒家大量经典典籍文献不断被引进、设立了许多孔庙举行释奠礼来提高孔子文化的影响力。这些措施都能够促进中华优秀传统文化在东亚地区的传播。

（一）各国政府的积极倡导

孔子文化在韩国很早就有涉及。韩国一位著名学者柳承国说过："与燕昭王（公元前 311—前 270 年）同时的古朝鲜社会已习得中国儒教思想，并活用于解决国际难题。由此可见，孔孟思想于公元前 4 世纪左右，已经在韩国社会起了机能性的作用。"另外，一位韩国学者金忠烈也说过："将中国儒教之传来时期，换言之，儒教普及朝鲜半岛的渊源视为公元前 4 世纪，而儒学的受容则以三韩时代为起点。"他认为儒家思想在传播过程中会在其他国家有一定的适应时期，但是儒学在公元 100 年左右的汉四郡时代很快地被人们所接受。孔子文化从战国时期就已经传入朝鲜，到了汉代在朝鲜的作用十分明显。早在我国公元前 108 年，中国就在朝鲜设立了郡县，孔子文化中的治理地方思想较大地影响了朝鲜的生活。公元前 1 世纪中期在朝鲜传播的孔子文化使高句丽、百济、新罗并起，并且让这三个地方在 4 世纪末期形成三足鼎立的局面。

高句丽是受到孔子文化影响最早的地方。小兽林王二年六月，高句丽为了学习中国的古典书籍而设置了太学。在太学中，人们主要学习中国文化的"五经"和《史记》《汉书》《后汉书》等史书。另外还在高句丽开设"扃堂"，主要是教导一些未婚青少年学习"五经三史"。据古书记载："书有'五经''三史'《三国志》。"这句话就是在说高句丽已经受到了孔子文化的熏陶。在公元4世纪时，百济也建立了孔子文化，"百济近仇首王薨，子枕流王立……始立太学，颁律令"就可以充分证明。新罗地处朝鲜半岛的最南端，与中国的接触较晚，以至于在公元377年才来到中国。直至真德女王五年，新罗才开设国学的官职，其中就包括"大舍"二人。在7世纪中叶的新罗，就有学官在当地讲解儒家学问。在朝鲜人们追求学问是不分等级的，无论是贵族子弟还是平民百姓都可以接受孔子文化教育。在新罗有学者通过对中国传统文化的学习发明了"吏读法"，就是利用中国的汉字和汉语及对中国语句的理解来标记新罗的语言文化，这一举措让朝鲜进入了孔子文化学习的新阶段。

在675年，新罗和中国正处于交往最密切的时期。新罗统一朝鲜和中国大唐王朝的繁荣是密不可分的，两国的交往也促进了孔子文化在朝鲜的传播和发展。在新罗神文王二年，朝鲜在首都庆州建立了隶属于礼部的国学。朝鲜课堂上的教授内容也主要以儒家经典为主，学习的相关书籍有《左氏春秋》《尚书》《周易》《礼记》《毛诗》《论语》《孝经》等。其中《论语》《孝经》两册书是学生们的必学科目。新罗在地方上也同样设有学校，宋代地理学家赵汝适说过："新罗国……人知书喜学……里有庠，匾曰'扃堂'，处子弟之未婚者习书射于其中。……故号君子国。"这句话也反映了儒家经典在新罗的影响之大。李朝建立后李太祖注意运用儒学教育官吏，并沿袭高丽末期的学制，由中央设置最高教育机构，仍称成均馆。1393年，在地方上，李太祖命令按察使将学校兴废作为考课地方官政绩的依据。李朝还用孔子的文化改善社会民风。此外，李太祖颁发了教令，以十二事晓谕军民，其中一项便是褒奖忠孝节义，具体为："忠臣孝子义夫节妇，关系风俗，在听奖劝。令所在官司，询访申闻，优加擢用，旌表门闾。"李朝将儒家经典广泛传播，使孔子文化不断普及，影响范围更加广阔，同时也使李朝的社会风气得到了优化。

日本是通过朝鲜半岛将孔子文化传入的，所以日本接触孔子文化也比较晚。应神十六年，百济人王仁携带着10卷《论语》和1卷《千字文》等中国传统文献到达日本，从此汉字在日本广为流传，日本开始将汉字作为正式的书写文字，并使用汉字为日语标注音标。日本也因此在宫廷中开始教授以儒学为主的孔子文化。孔子文化不仅让百姓得到熏陶，连皇太子也拜王仁为师，皇族和高级官吏的子弟也都开始学习儒家经典，品读《论语》。在此后的二百年间，日本以百济为纽带学习孔子文化，但是孔子文化传播只在王子的范围里，他们主要学习的是《论语》一书的内容。古代统治者对孔子文化越来越重视，学习的意识越来越强烈，并且利用各种方法大力传播孔子文化，让孔子文化深入人心。

到了公元 6 世纪初，儒学才作为一种学术思想传入日本，并形成了完整的教育体系。根据《日本书纪》继体天皇七年（513 年）六月条载，百济"贡五经博士段杨尔"，三年之后（516 年）"别贡五经博士汉高安茂，请代博士段杨尔"，在此之后才形成以轮代交替为主的制度。钦明天皇十四年（553 年）派使者前往百济，要求"医博士、易博士、历博士等，宜依番上下。令上件色人，正当相代年月，宜付还使相代"。到了第二年，百济"依请代之"，并且派出了我国许多博士前往，后续还增加了五经博士、医博士、易博士、历博士等，前往日本学习，互相探讨学术，这体现了我国的博大胸怀，以及对知识的渴求和对学术的向往。

古天皇圣德太子为孔子文化的传播做出了很大的贡献。圣德太子摄政期间，实施了有利于传播孔子文化的相关政治改革，其中比较著名的是 604 年的《宪法十七条》，在宪法中不仅有佛教思想，更多的是关于孔子文化的，还有一些语句直接来源于儒家经典。安井小太郎说过："圣德太子所定的《宪法十七条》，除第二条述笃敬三宝外，其余十六条述君民的名分、政治之要和安民等事，都与儒教的大精神一致，又往往采用经书中的语句，如'以和为贵'（《礼记·儒行》）、'上和下睦'（《孝经》）、'惩恶劝善'（《左传·成公·成公十四年》）、'克念作圣'（《尚书·多方》）等。"并且在大宝元年修改的《大宝律令》将改革以法律的形式固定下来。另外，《大宝律令》在第二十二条"学令"中对教育制度问题做出了严谨的规定。"凡博士、助教，皆取明经堪为师者。"这句话可以充分证明。大学寮的教材主要是九经，"凡经，《周易》《尚书》《周礼》《仪礼》《礼记》《毛诗》《春秋左传》各为一经。《孝经》《论语》，学者兼习之"。710 年，奈良时代开始，日本把平城京（奈良）定为首都，孔子文化教育得到大力发展。奈良朝在教育方面遵循的是《大宝律令》，儒家思想和教育方式在日本得到了新的发展。奈良朝十分重视儒家思想中的伦理道德，包括忠、孝、礼等观念，其中孝的观念最为人们所认同。元正天皇养老四年的诏书中写道："人禀五常，仁义斯重，士有百行，孝敬为先。"孝谦天皇天平宝字元年四月，诏曰"古者治民安国，必以孝理。百行之本，莫先于兹。宜令天下，家藏《孝经》一本，精勤诵习"。这说的是要求每一家都要收藏一本《孝经》。自从这一诏令下达，社会就开始提倡孝道，使孝道观念深入人心。平安朝也延续了奈良时期的教育制度和教育方式，并且丰富了大学的内容，扩充了大学寮中的明经、纪传、明法、算道四道，其中的明经道最受当时人们的推崇和认可。在明经道中，学者们研究的是"九经"，包括《诗经》《书经》《易经》《公羊传》《谷梁传》《左传》《周礼》《仪礼》《礼记》。纪传道研究的是《史记》《汉书》《后汉书》。根据当时社会人们的需要，平安朝依然主张孔子的伦理道德、孝道。天皇本人也带头学习，并且大力宣传唐玄宗御注的《孝经》，提倡把儒家的伦理观念作为民风民俗的基本标准。

在江户时代，幕府的最高学府为昌平坂学问所，即昌平黌。这所学校是完全教授儒学的学校。幕府十分支持儒学的发展，以至于各个藩都开始学习儒学经典。江户初期，藩学的名称还可以叫作"学问所""稽古所"或者"讲释所"。到了江户后期，学校名称是自经义演变而来的，比如"明伦堂""明伦馆""弘道馆""日新馆""崇德馆"等名称。另外，各个地方也都纷纷建立起寺子屋和心学供平民子弟学习，接受儒学的思想道德教育。在江户时代的初等教育机构中，心学也被包括其中，心学主要是教授儒学修身伦理方面的知识。寺子屋及心学已经在全国各个地方开始传播，而且心学的学习不分男女，可以被社会所有人们所研究。这让儒家的孔子思想得到普及。

南方的越南和临近中国的日本相比较，受到中国传统文化的影响比较早，因为南方的越南曾经是中国的郡县，所以接受中国传统文化的影响就更方便。秦始皇时，象郡在越南北部和中部设立。秦末汉初，秦朝就把赵佗派到南海做地方官，把南海、桂林、象郡三郡划分到了中国，并且在公元前2014年建立了南越国。汉武帝元鼎五年时期灭南越国，之后于公元前111年在越南设立交趾、九真、日南三个郡。经历东汉、三国、两晋、南北朝、隋、唐而至五代，越南依旧是中国的郡县，所以中国学者和太守刺史在出任越南时，在越南大力宣传孔子文化，并且通过在民间的互动，让孔子文化深入百姓心中。因出任越南的太守、刺史们的倡导，东汉的郡守特别注重孔子文化在越南的传播，利用孔子文化改善落后的风俗习惯。这一时期，交趾太守锡光和九真太守任延对孔子文化在越南的传播做出了很大的贡献。三国时代的士燮在越南为孔子文化的宣传起到了初步奠基的作用。晋时我国仍然向越南派出刺史、太守等地方官，也允许越南人来到中国参加贡举，还可以在内地当官。孔子文化在每个时代都有所发展，唐朝时期在交州设都护府，地方官注重考核文教，为的是可以振兴儒学。各地都为越南学者开辟科举考试，让孔子文化在越南得到广泛传播。

939年（后晋天福四年），越人吴权独立后，建立吴朝，之后产生的丁朝、黎朝国家寿命都很短暂，记载中只有"观明堂辟雍"。1010年，李朝在越南建立，同时也开始认识到儒学的重要性。李太宗通瑞五年二月，为了发展农业、繁荣经济便筑坛祀神农，帝执未欲行躬耕礼，但是当时有许多官吏劝皇帝不要整天为农事烦扰，李太宗的回答："朕不躬耕，则无以供粢盛，又无以率天下。"越南建立从中央到地方、从官学到私学的完整的儒学教育制度是从陈朝开始的。在陈朝刚立国之时，太宗陈日煚完善了国子监在中央最高学府的位置。历史记载：陈太宗天应政平"十二年……重修国子监"。在此之后又建立了国学院，国学院主要是为了讲授中国传统经学。史载：陈太宗元丰三年（宋宝祐元年）……六月，立国学院。塑孔子、周公、亚圣，画七十二贤像奉事……九月，诏天下儒士诣国子院，讲"四书""六经"，官学教师必须要能讲透"'四书''五经'之义"。史载：陈圣宗绍隆"十五年……冬十月，诏求贤良明经者，为国子监司业，能讲透'四书''五经'之义"。这些都体现着当时文人学者对古代经典的尊重。

越南早在陈朝就已经实行了太学教育方式，学者如果想要在朝廷中有所作为，就需要通过儒学方面的考试。当时的皇帝非常重视考试，所以考试期间，皇帝都会亲自监考。这可以看出儒学教育体系在当时的教育体系中占据着非常重要的地位。陈顺宗光泰十年夏四月，在于州镇设置教授、监书库职位，目的是发现民间的优秀学者。五月，陈顺宗下诏曰："古者国有学，党有序，遂有庠，所以明教化，敦风俗也。今国都之制已备而州县尚缺，其何以广化民之道哉！应令山南、京北、海东诸路府，各置一学官，赐官田有差，大府州十五亩，中府州十二亩，小府州十亩，以供本学之用。路官督学官，教训生徒，使成才艺，每岁季则选秀者，贡于朝，朕将亲试而擢之焉。"虽然陈朝的诏令没有被充分实施，但陈朝的儒学教育已经形成了一套完整的制度。

明成祖四年至宣宗二年的20年间，越南北部在明成祖的统治下，大力发展儒学。史载，明成祖永乐五年在越南诏访"明经博学、贤良方正、孝悌力田"之人送京录用。永乐十五年间，明朝学者又有"岁贡儒学生员，充国子监，府学每年二名，州学二年三名，县学一年一名，后又定府学每年一名，州学三年二名，县学二年一名"。这一举措让孔子文化在越南得到传播发展。

在后黎，孔子文化教育有了更大的发展。黎太祖顺天元年在京城设立国子监，设置了祭酒、直讲学士、教授等职位，而且在各个路县设立学校，置教职。黎太宗统治时期，为了提高儒学子弟的社会地位，在1434年让国子监生和县生着冠服。另外，黎圣宗为了展现对孔子文化教育的重视并提高儒生的地位，有时会亲自来到学校。史载黎圣宗"洪德七年春二月，帝亲幸学"，他这样做只是为了监督、督促和鼓励支持国子监中的学生学习儒学。1484年黎圣宗定国子监三舍生除用令，并且依照会试中场的数量把学生分为三舍，这就像是将学生按照成绩分成三个等级。1802年，阮朝依旧延续黎朝的传统，并且更加重视和尊重儒家思想道德。朝臣提出建设性的意见，强烈要求并上奏提出集善堂（诸皇子讲学之处）的规章制度。除此之外，阮朝还主张各级的儒学教育。阮朝于嘉隆二年在京城顺化之西建国学，又于全国各营镇置督学，对士子的课堂进行监督，并且学习科目为士法，申定教条，颁布实施。教学内容都是一些经典的儒家著作。"为国必本於人才，行政莫先于教化……请宜申定教条，俾多士有所成就。"

（二）孔子文化的传播利用

中国古代选拔人才的方式是科举制度，它在中国影响时间很长，对历史具有推动作用，是一种相对公平的选拔方式。这样一种优秀的制度，曾被中国周边的朝鲜和越南所采用，并且效果也很好。日本虽然也崇尚儒家思想，但是日本并没有效仿中国的科举制度。在朝鲜，新罗最高领导者将儒家思想作为选拔人才的标准，希望利用儒家思想培养出对国家有用的人才。据载：元圣王四年，要想有所作为就要努力读书，成为三品之士。要想了解书中意义就要读《春秋左传》《礼记》《文选》《论语》《孝经》《论语》《曲礼》等书籍。博览"五经""三史"的人，就是十分优秀的人。科举制度在朝鲜的发展使孔子文化与仕途相联系，促进了孔子文化在新罗的繁荣。

918年，高丽王朝建立后，为了扩大儒学的传播范围，采取了许多制度、方法，其中利用科举制度是最主要的方法。书中记载："三国以前未有科举之法，高丽太祖首建学校，而科举取士未遑焉"，一直到"光宗九年五月，双冀献议，始设科举。试以诗、赋、颂及时务策，取进士，兼取明经、医、卜等业"，且"大抵其法颇用唐制"。这说明了实施科举制度产生了许多弊端，最后经过高丽学者们的研究，逐渐用仕进制度代替了科举制度。

在高丽科考中，主要内容基本以儒家经典为主，显宗十五年判明经则试五经。宣宗时期的科举考试更注重的是礼，并且将《礼记》作为大经，将《周礼》和《仪礼》作为小经，三传中将《左传》作为大经，将《公羊传》和《谷梁传》作为小经。在仁宗时期，《毛诗》《尚书》《春秋》《周易》的考察也包括在其中。为使科举切实起到尊孔崇儒的作用，靖宗十一年四月制定了一个规定：不忠不孝者与五逆、五贱、部曲、乐工的子孙均不许赴举。这些制度的实行，让文人学者对孔子文化的学习更具有积极性。

李朝时期，在文科考试中，考试科目主要以对儒经的理解为主，其中生员试和进士试也都把儒家经典作为考试的内容。生员试是考查对儒经的理解认识，进士试是考查作汉诗文的能力，如果想要进为官员，那就需要生员与进士再参加文科考试。武科考试不仅考查兵学、弓术、骑术等，还把儒家经典文化作为考查方向。因为文武两科考试都考查儒经的学习，所以这就让更多的人学习儒家思想，从而巩固了儒家经典的地位。儒家思想在不断发展完善的过程中，从孔子文化提升为朱熹的理学，但是对孔子文化的传播依然有一定影响。

越南李朝时期在1075年第一次实行科举取士的制度。据载：李仁宗太宁"四年春二月，诏选明经博学及试儒学三场，黎文盛中选，进侍帝学"。在此之后李高宗开始多次用儒经招纳民间人才。科举制度与仕途相结合，让孔子文化的推广范围更广。

科举制度在陈朝进一步被完善。据载：陈太宗建中八年（七月改元关应政平）"二月，试太学生。中第一甲张亨、刘琰，第二甲邓演、郑缶，第三甲陈周普"，科举制度被人们广泛认可。

科举制度在黎朝得到了完善。黎太祖决定"期以明年五月，就东京，文官考试经史，有精者许文官，武官考试武经"。黎太宗在黎朝初年就确定了"精通经史"为选拔人才的标准，但是这还不是最完善的科举制度。黎太宗在绍平元年才将科举选拔人才作为正式的制度。其中被选中的人才分为三甲，第一甲是进士及第，第二甲是进士出身，第三甲是同进士出身。黎仁宗时，前三名又分为状元、榜眼、探花三种。这些制度建立之后，科举制度在黎朝才得以完善。以科举制度为主的人才选拔方式，极大地提升了孔子文化的影响力。阮朝的取士制度也依然仿照前朝。阮世祖时开创了以乡试、会试为主的选拔人才的方式。另外，阮翼宗时，颁布了新的选拔制度，即除授之法，其中把考中的人分为教授、编修，并升知县知州等。科举制度被阮朝历代所运用，考试内容一直以"四书""五经"为主，所以越南自通都大邑到穷乡僻壤，官民子弟都争先恐后地学习儒家经典，想利用自身的努力考取功名。

（三）大力传播孔子文化

古代中国由于受到"礼闻来学，不闻往教"的传统思想的影响，因此显得相对封闭，以至于不能主动向其他地域国家传播孔子文化。这样的情况让周边国家实行"拿来主义"，孔子文化在东亚一些地区传播，并且对东亚地区产生一定的积极作用。这种"拿来主义"，具体地说就是其他国家主动派遣使者和留学生来学习中国传统文化，包括孔子文化，日本和朝鲜就是明显的例子。据载："二十三年……王遣子弟入唐，请入国学。"早在640年，高句丽就开始多次向唐派遣留学生。后期又派学者到宋朝入国子监学习中国传统文化，参加中国的科举。在高丽景宗元年又有记载称："仙遣国人金行成入就学于国子监"和"太平兴国二年……行成擢进士第"；雍熙三年又有"十月……又遣本国学生崔罕、王彬诣国子监肄业"。淳化三年，宋太宗又说过："诏赐高丽宾贡进士王彬、崔罕等及第，既授以官，遣还本国。"宋徽宗崇宁二年，高丽王侯也说令士子金瑞等五人入太学，朝廷为置博士。到高丽末年，来明的学生人数更多。如明太祖五年，表请遣子弟入太学，"……贡使洪师范、郑梦周等一百五十余人来京"。百济武王四十一年"二月，遣子弟于唐，请入国学"。这个时期是百济向唐派遣留学生的最初阶段。这些举措使得孔子文化在百济不断传播，到 7 世纪中叶孔子文化在百济的影响达到了顶峰。

新罗也曾派遣自己国家的学生来到中国学习孔子文化和中国传统文化。这一观点在书中的记载是"九年夏五月，王遣子弟于唐，请入国学"。孔子文化的风气逐渐发展是在新罗统一后。在新罗孔子文化发展也是相当快的，例如"唐开元十六年，遣使来献方物，又上表请令人就中国学问经教，上许之"和"唐开成二年三月……新罗差入朝宿卫王子，并准旧例。割留习业学生并及先住学生等共二百十六人，请时附粮料"。这两处记载可以充分证明孔子文化在当时新罗的发展水平。当时新罗派大量人员到中国学习传统文化和孔子文化，在 840 年的一年之内派往中国唐朝的留学生达到 105 人。唐朝的科举制度可以允许新罗人民来到本国考取仕途，因此当时不少新罗人来到唐朝参加科举考试。因为唐朝实行这种开放的制度，所以自 821 年以后，新罗人中有很多都考取了官职，比如金云卿、崔致远、崔匡裕等，其中崔致远的名声最大。

日本留学教育的产生要早于朝鲜。日本在当时非常重视对孔子文化的学习，所以在圣德太子时期，就派大量的留学生到中国学习孔子文化。日本在推古天皇十五年和十六年曾两次派小野妹子到中国学习孔子文化。之后还派了高向玄理、南渊请安、僧旻等八名留学生和学问僧同行，日本成为到中国学习孔子文化人数最多的国家。除了派留学生到中国学习外，日本和中国还有许多非正式的交往，具体表现在日本让留学生和学问僧来到中国学习中国传统文化和孔子文化，这些留学生、学问僧经过研究后回到日本受到日本朝廷的重视，这些留学生对传播孔子文化有着重要的作用，与此同时还促进了两国的经济、政治往来。日本设置官治最早是在孝德天皇大化元年，僧旻和高向玄理被任命为国博士。南渊请安从中国学习后回到日本，通过自己的探究撰写了许多书籍，并且成为日本有名的大儒学家。在公元 645 年，日本皇极天皇让位于孝德天皇，建元大化时期，僧旻、高向玄理被任命为国博士，他们的主要任务是对日本的经济、政治制度进行改革。另外，在大化二年，孝德天皇发布了大化改新的诏令。在日本这一巨大的社会变革中，孔子文化起到了积极的促进作用。

大化改新之后，日本国内大力发展儒家思想，支持人们学习孔子文化，让孔子文化得到了空前的发展。在 630 年，日本第一次派出犬上御田锹作为使者到中国的唐朝进行交流学习。到 894 年的 200 余年间，日本曾派学者到中国唐朝学习次数达 19 次之多（正式派遣并到达唐朝的为 13 次）。日本的奈良朝也同样重视孔子文化的传播，为了学习孔子文化也前后多次派出学者到中国学习、探讨学问。来到唐朝学习的日本学者们一般都是来到长安，在国子监所属六学馆之一学习儒家经典文化。日本派出的学者中，为日本做出较大贡献的就是吉备真备。他在回到日本后被日本天皇任命为大学助教，教 400 名学生学习"五经""三史"及其他在中国学到的技艺。他曾经还被封为东宫之师，在孝谦女帝的少女时代向她传授自己学到的儒家思想文化。据载："孝谦帝在东宫，为学士，授《礼记》《汉书》，恩宠甚渥。"吉备真备还通过自己所学撰写了关于儒家思想方面的文学著作，其中一本《私教类聚》就是教导人们终生遵循儒家道德，以儒家思想作为道德准则。

（四）儒学经典和孔子文化的传播

儒家的哲学思想是孔子文化的核心内容，而儒家典籍则是哲学思想的载体，所以儒家经典书籍为孔子文化在东亚地区，如朝鲜、日本、越南等地的传播做出了很大的贡献。

儒家经典书籍在高丽地区的流传使孔子文化在高丽被大为传播。宋朝初年是禁止书籍传播到其他国家的，但是在 10 世纪，中国只对高丽国家开放禁令，这一历史事件在高丽有所记载。比如，宋淳化四年高丽派学者到中国宋朝就有记载："上言愿赐板本《九经》书，用敦儒教。"宋大中祥符九年，高丽又派本国学者到宋朝学习孔子文化，并且宋朝皇帝赐他《九经》和《史记》等书。在宋哲宗登上皇位时，又赐给高丽学者《文苑英华》一书。1314 年，元世宗再次赐给高丽宋秘阁旧藏的善本书四千三百七十一册。同样，明太祖二年又赐高丽"六经、四书、通鉴"。当时中国统治者还下令允许高丽人在本土购买孔子文化的史书典籍，根据记载，宋元祐七年，高丽曾经派黄宗来到宋朝"请市书甚众"，后"卒市《册府元龟》以归"。高丽宣宗时"每贾客市书至，则洁服焚香对之"，这些记载可以证明当时高丽对中国传统文化和孔子文化的重视。在宋朝的开放制度下，中国的儒家经典书籍逐步输送到高丽地区。但是从中国传入的儒经已经完全不能满足学者们的学习需求，所以高丽成宗九年在西京设置修书院，主要目的是让学者们大量抄写与孔子文化相关的史书典籍。文宗十年，西京留守上奏文宗认为抄写中国孔子文化典籍是存在弊端的，他说："京内进士明经等诸业举人，所业书籍，率皆传写，字多乖错。"于是高丽人民又发明了木版刻印。从此，中央和地方都开始对中国的儒家经典进行木版翻刻。但是木版印刷的印数有限，还不能完全满足人们对儒学的学习要求，所以高丽在13世纪中期引进了中国11世纪中期发明的活字印刷技术，大大地提高了印刷数量。高丽又于1392年设置书籍院，目的是专门铸铜进行活字印书。发明技术的不断革新使儒家经典被大量翻刻，同时也使孔子文化得到发展的机会，让更多国家的人能够接触并学习孔子文化。李朝时期大量印刷儒家经典，让孔子文化的学习更加方便。所以当时李朝开设铸字所，铸铜字为的是能够更多地印刷儒家经典。这进一步促进了孔子文化的传播。

大量向奈良朝输入儒家经典也使孔子文化得到了发展。史载：他们"所得锡赉，尽市文籍，泛海而还"。意思是每次在派遣留学生到中国学习时，都令他们带回大量的儒家书籍和经卷，并进行抄写。到了奈良末期，儒家典经已经广为人知。据载："神护景云三年，太宰府言：府库但蓄五经，未有三史正本……诏赐《史记》《汉书》《后汉书》《三国志》《晋书》各一部。"到了平安时代，日本继续派学者到中国学习传统文化，引进儒家经典。例如，天皇宽弘三年，宋商令文将《白氏文集》及《五臣注文选》赠送给摄政藤原道长。另外，日本平安朝时期也多次派遣学者从中国带回儒家经典书籍。这些历史事件在古书中的记载为："雍熙元年，日本国僧奝然与其徒五六人浮海而至……奝然善隶书，而不通华言，问其风土，但书以对云：国中有'五经'书及佛经、《白居易集》七十卷，并得自中国。"又有："其国多有中国典籍，奝然之来，复得《孝经》一卷、《越王孝经新义》第十五一卷，皆金缕红罗褾，水晶为轴。"日本从中国大量引进儒家经典书籍，为孔子文化在日本的传播提供了机会。

儒学在江户时代的发展主要得益于对儒家书籍的大量引进和翻刻。清朝建立以后，制定了一项政策，即解除海禁，这让日本等国家与中国的经济、政治来往沟通更加密切，也让中国的古书大量销售到国外。清代康熙、乾隆年间，编纂事业的发展规模不断扩大。这一发展使中国古书大量传播到日本，其中《古今图书集成》传入的时间最早，明和元年全书一共一万卷，通过清朝商人全部运往日本，并将这些书籍典藏在江户文库中。1835年《皇清经解》全书一千四百卷也通过中国商人传入日本。高仓天皇统治三年，清盛获得中国的《太平御览》一书献给安德天皇。

日本明治维新以后对儒家经典的翻译，以注释和研究工作最为积极。据文献学家胡道静的研究，日本是翻译我国古书最早、最多的国家。孔子文化在日本明治维新后得到大力发展。

越南获得儒家经典书籍最早是在黎朝末年。据《宋史·真宗本纪》一书中记载："景德四年七月乙亥，交州来贡，赐黎龙廷九经及佛氏书。"这两本书中所记载的概念大致相同。

为了让孔子文化也能在越南发展，李朝派贡使将书籍传入。在当时的制度中，儒经是可以进行购买和传播的，并不在禁止的范围之内。《宋史·神宗本纪》记载："元丰元年曾诏，除九经外，余书不得出界。"这句话也说明了当时宋朝统治者是允许孔子文化进行自由传播的，这也为孔子文化传入越南提供了契机。

黎朝时，明商将很多东西从中国运往自己的国家，其中就包括大量书籍。每当明商把书运到越南时，越南人不论价格高低都会大量购买。史载：越南"士人嗜书，每重货以购焉"。又有记载：越南递年差"使臣往来，常有文学之人，则往习学艺，遍买经传诸书，并抄取礼仪官制"。这些记载说明了儒家经典不仅通过中国商人传播到其他国家和地区，还通过越南人自己前来购买大量史书典籍等途径使孔子文化在其他地区传播发展。还有一记载为："越南于明英宗天顺二年，遣使入贡……其使乞以土物易书籍、药材，从之。"这说明当时黎王还通过朝贡的方式换取中国的儒家经典书籍。但是通过这些方法从中国得到的书籍数量有限，不能满足他们的需要，因而随着印刷术的传播发展，在15世纪以后儒家经典书籍在越南流通的数量越来越多。这充分表明儒家经典文化在越南不断发展壮大。

（五）祭孔与孔子文化发展的关系

文庙是孔子文化的物质载体和象征。文庙是用来祭祀孔子及历代先贤先儒的地方。祭祀文庙的礼仪是"释奠礼"，而"释奠礼"是中国传统社会的"国祭"。文化史上比较独特的方式是文庙释奠礼，它出现的时期虽是上古时期，然而它的雏形可以追溯到孔子去世的鲁哀公十六年（前479年）；但在此之后，它的发展越来越偏向于国际化。在公元3世纪左右，文庙祭祀就已经在时为中国郡县的朝鲜多次举行，另外新罗开设文庙是在其国家独立后的8世纪举行释奠礼。日本举行释奠礼是在大化改新时期，并且在江户时期有许多孔子庙被建立起来。最晚建孔庙祭祀孔子的是11世纪的越南地区。孔子文化的促进，其中比较重要的一点是释奠礼在各个国家的建立和发展，并且延续至今都没有摒弃，这让孔子文化不仅在当地有了知名度，还让孔子文化的影响力大大提高。在新罗地区，儒学的发展使孔子文化的影响力也提高了。新罗真德王二年金春秋至唐，不断治理国学，观释奠，一直有释奠之礼。717 年，在孔子文化的发展影响下，新罗的太学里也挂满了孔子和他弟子的画像。有古书记载："圣德王十六年秋九月，入唐大监守忠回，献文宣王、十哲、七十二弟子图，即置于太学。"

高丽时期，孔子文化的地位不断提升，也得到了大多数人的认可。朝鲜太学开始对孔子进行奉供。据载：高丽"国初肇立文宣王庙于国子监"。983 年，博士任成壹从宋取回文宣王庙图。成宗十一年，国子监里建造文庙并成为国家的最高学府。1091 年，七十二贤的画像挂在国子监里，以表示对孔子文化的重视。孔子文化的进一步发展是在新罗时期，人们将孔子的画像改为孔子塑像，并效仿中国将孔子叫作文宣王，加谥"玄圣""至圣""大成"。高丽文宗时期，统治者也亲自到国子监称孔子为百王之师，对孔子文化表示深深的尊重。1267 年，统治者又将中国传统文化的创造者，伟人颜渊、曾子、子思、孟子等人的画像改为塑像，并让人们到文庙供奉。李朝时期，最高统治者非常重视对孔子的祭祀活动。孔子的地位大为提高，朝野祀孔之风极盛。李世祖时称孔子为"素王"。李太祖自建立王朝开始就在京城建立了文庙，以便历代人们对孔子以及古代伟人进行祭祀。文庙的规格也仿照了中国的规制，不同的一点是在配享者中增加了朝鲜的名儒。文庙的正中被称为大成殿，大成殿正位是"大成至圣文宣王"，殿后叫作明伦堂。殿内有"四圣"，从享有"十哲"。其他地方也建有地方文庙，只是规格略低于中央的文庙。李朝对中国孔子文化的崇拜不仅体现在建立文庙方面，还体现在模仿中国建启圣祠上，这些都使孔子文化的影响更加广泛。

李朝太宗九年，京城文庙碑上记述了孔子文化在朝鲜地区的发展促进情况和李朝君臣百姓对孔子文化的尊重认可情况，其碑文云："圣莫如夫子，师莫如夫子。大而国学以至术序皆有夫子庙……自生民以来，未有盛于夫子也。"

"文武天皇大宝元年（701 年）……二月丁巳，始释奠先圣先师于大学寮。"这里说的是孔子庙在日本的设立时间大约为 8 世纪初，当时的日本正在进行大化改新运动，祭祀孔子的习俗得以在日本逐渐发展起来。所以，大学及国学在每一年的春秋两个季度分别进行两次释奠活动。"学令"中规定："凡大学、国学，每年春秋二仲之月，上丁释奠于先圣孔宣父，其馔酒明衣所须，并用官物。"日本把孔子作为自己国家的至圣先师。748 年，奈良朝在采纳吉备真备的建议后，对释奠的服装和仪注进行改进和更新，对这一事件的记载为："初大学释奠，其仪未备，真备稽礼典，重修之，器物始备，礼容可观。"释奠刚开始举办时所需要的器物都非常简单、普通。由于日本对孔子文化十分重视，因此孔子在日本的地位是非常高的，并且受到了日本人民的尊崇。日本的天皇把孔子称为文宣王，并以膳大丘为大学博士。这表现了日本在奈良朝时期对孔子文化的重视程度非常高。

祭祀孔子的活动在平安朝也有所发展。大学释奠开始的时候，当地祭祀的人物只有孔子一个人，直到平安朝贞观年间，祭祀人物中又增添了颜子和闵子。直到延喜年间，才将"八哲"加进祭祀的行列之中。先圣居中，颜渊、闵子骞、冉伯牛、仲弓、冉有座于先圣东，季路、宰我、子贡、子游、子夏座于先圣西。释奠的时候有很多规矩，首先由大学头第一次进献，其次是大学助，最后是博士，手里拿多少器具等都是有一定规定的，仪式非常隆重。至于释奠祭文，祭文的内容主要是对孔子的文化进行赞扬和认可，表达自己对孔子的崇敬心理。释奠活动和讲经活动需结合起来举行。

在大学释奠结束后，天皇还要召博士、学生等入宫进行讲经。但是各个国家对国学释奠之礼没有形成统一的标准，直到清和天皇时期，开始颁七道诸国释奠式以统一释奠式在各个国家的标准。据载，贞观二年八月癸丑，新修释奠式，颁下七道诸国。自从下令后诸国都遵照并实施。平安中期以后，日本注重发扬自己国家的风俗特色，但大学和各地国学祀孔活动依然被参照举行，对孔子文化的学习热情也没有减少。江户时代，幕藩极力支持发扬儒学，所以祀孔的习俗盛行起来。

元禄三年，幕府五代将军德川纲吉把圣堂从上野迁移到了汤岛，为的是扩大圣堂的规模。当时把孔子像放置于大成殿，并绘制七十二贤及先儒画像挂在东西两房，表示对孔子文化的重视。在此之后，圣堂曾经遭遇过几次火灾被破坏，但是不久朝廷就派人把圣堂修复，直到现今仍然完好。幕府将军极力倡导学习孔子文化，并且要求地方诸藩建立孔庙，从此孔子文化在日本不断繁荣起来。日本在经历明治维新运动之后，统治者主张孔子文化的教育理念，要求人们饱读孔子相关书籍并尊重孔子的思想理念。在历代王朝中，孔庙一直被不断修建完善，另外的祀孔活动也被一直延续。但是因为时代不同，统治者观念不同，所以对祀孔活动的重视度不一样，繁盛程度也不一样。其中，汤岛圣堂是日本建造的规模最大的孔庙，这座孔庙是在日本明治维新运动后建造的，它反映出了人们对孔子文化和祀孔活动的重视程度。1936年，记载中写到了汤岛圣堂的外部景观，还写到了为了"维持世道人心"，汤岛圣堂进行了多次祀孔活动，体现了孔子的地位，为孔子树碑，并且不断宣传儒家思想文化。

祀孔活动在越南发展得比较晚。李圣宗时期有关于孔庙祀孔活动的最早记载："神武二年（宋熙宁三年）……秋八月，修文庙，塑孔子、周公及四配像。

画七十二贤像，时享祀，皇太子临学焉。"1171年，又有记载称"修文宣王庙殿"。祀孔活动的实行是在陈朝建立初期，这个时期也是儒学地位不断提高的时期。陈太宗在元丰三年设立国学院，建造了孔子、亚圣的雕像，绘制了七十二贤画像，陈朝从艺宗开始就依照越儒来祀文庙。后黎时期，因为孔子文化地位大大提高，有着独尊的地位，所以孔子的影响也更为广阔。黎朝时期开国君主的主张是对孔子进行礼祀，但是到了太宗绍平元年"亲率百官谒太庙"，开始实行释奠。在此以后，释奠也成了一项制度。黎圣宗特别尊崇孔子，并在洪德三年定下了祭祀的制度，规定每年春秋二仲都要对孔子进行祭祀。这也促进了孔子文化地位的提升。孔庙在黎朝时期经过了多次的修葺、扩建，规模越来越大。黎显宗景兴十六年，又对在文庙祭祀孔子时所着衣服做出规定，将其规定为成王者之服，即衮冕服。除京都之外，地方也普遍建有文庙。这一风俗让孔子文化在越南地区的地位不断提高，尊孔思想深入人心。

祀孔活动在阮朝举行得最为隆重。在1808年，阮朝仿照明嘉靖制，把以前的文宣王称号改成"至圣先师孔子"。同年七月，文庙也被建立起来，并确立先祖学者的神位，并且制定标准的祭祀器具和标准的乐章。圣祖阮福皎曾亲自下旨躬亲释奠。经过历历代代对孔子文化的传播学习，孔子的地位越来越高，孔子在越南的影响也越来越广泛。

孔子文化在"东亚文化圈"传播的途径有很多种。其中，推行儒学思想是通过统治者的各种政治制度来进行的，如官办儒家教育、科举取士、广修文庙、祭祀孔子等活动制度，让孔子文化在各个国家不断传播。另外，在民间也有学者互相往来探讨学术，学习输入和翻刻儒家典籍。无论是在朝廷还是在民间，孔子文化都得到了广泛的认可。

二、孔子文化在欧洲的传播

由于中欧之间路途遥远等一些阻碍，孔子文化在欧洲等国家传播得相对较慢，但是到了16世纪末期，孔子文化在欧洲的传播开始有所进展。孔子文化在欧洲地区的传播与在东方传播的方式大同小异，其中相同的一点就是都不是主动传播的。在孔子文化的传播过程中，传教士起着极为重要的作用。除传教士之外，还通过海外华人对孔子文化进行传播。孔子文化在欧洲传播之后产生了十分重大的影响，其中最重要的就是促进了欧洲的启蒙运动。然而，由于欧洲殖民主义的兴起和中国的衰败，孔子文化不断被忽视。直到20世纪新中国成立后，孔子文化才被学者们取其精华，去其糟粕，最终得到正视。

（一）传教士对孔子文化传播的作用

欧洲在开辟新航路和发现新大陆后，各个国家开始对东方一些国家进行殖民侵略。1579年，意大利传教士第一次去的就是中国澳门。1582年（明万历十年），利玛窦来到中国学习钻研孔子文化，1595年，他在中国南昌刊印了《天学实义》等中国国学经典（后改为《天主实义》），之后该书经过多次翻版翻译到世界各个地区。他把儒家理论和基督教教义相结合，将儒经中所称的上帝叫作天主。利玛窦还将自己所学到的儒家经典介绍给自己国家和欧洲其他国家，促进各国对中国的了解。1594年，儒家经典第一次被翻译成西方文字的书是利玛窦出版的《四书》，被翻译成拉丁文。此外，还有利氏的《基督教传入中国史》《利玛窦日记》也被翻译成意大利文、拉丁文、法文、德文和西班牙文等。在16—17世纪，孔子文化开始传入意大利，作为一种新思想，孔子文化在意大利的影响力大大提升。儒家没有偶像崇拜，只有对祖先怀念的祭祖活动，没有鬼神之说，所以说孔子文化与宗教是完全不同的。利玛窦对儒学的研究、学习和翻译，使他获得了"博学西儒"的雅号，在意大利国内影响较深；他虽然是基督的传教士，但是他对孔子文化非常尊重、认可，并且他还把儒学和天主教教义相结合，使基督教精神与中国儒家思想共同发展，因此后来有了"基督教的孔子"之称。在他之后还有许多传教士想把儒学经典和天主教教义发扬完善，这促使许多学者都去研究利用孔子文化，从而大大促进了孔子文化的发展。其中，研究比较透彻、贡献较大的有艾儒略和殷铎泽。艾儒略对"四书""五经"有深刻的研究考察，并根据自己的学习撰写了30余种相关方面的书籍。他和利玛窦的相同之处在于他也在自己的著作中引用了大量的儒家经典知识。艾儒略早在1625年就开始在福建等地进行孔子文化的讲学传教，并且被闽中人称为"西来孔子"。1662年，殷铎泽将《大学》《论语》等经典著作翻译成拉丁文。1672年，他出版的巴黎版本的《中庸》一书的末页处也附有拉丁文和法文的《孔子传》。他著作的这本书在内容方面是向西方国家讲解和渗透关于中国的儒家思想，还向西方人们介绍孔子这个人的历史和丰功伟绩。1687年，他与比利时传教士柏应理、鲁日满，奥地利传教士恩理格等人一起编的《中国之哲人孔子》也被翻译成拉丁文，并大量在巴黎出版销售。这本书在欧洲地区的大量销售，使其成为欧洲对"四书"和《孔子传》介绍最为详细的一本书。这本书让欧洲学者们对孔子有了初步的认识，并且将孔子作为天下先师及道德与政治哲学上最伟大的学者。

通过传教士们的翻译，意大利等西方国家了解了中国文化的博大精深。通过这些学者们对中国文化以及经典著作的传播，更多西方人对孔子文化有了初步的认识，即使他们的著作中对孔子文化的介绍比较简单、肤浅，甚至还有一些错误，但是这些是孔子文化在西方发展的起步阶段。意大利对孔子的学习之风过后，法国的传教士也纷纷来到中国，并对中国的文化进行效仿。耶稣会派遣多名法国传教士到中国学习古典文化，其中最为出名的是金尼阁。金尼阁的主张与利氏一样，要求孔子文化与基督教教义相结合，共同发展。他在利氏的基础上提出了许多自己的观点，具体表现在他于1626年将"五经"翻译成了拉丁文，但是翻译成文的书籍在后来的传播中散失了。后来，法国又派其他传教士来到中国探讨学习中国儒家经典文化，并对孔子文化给予了相当高的评价。1698年，马若瑟和白晋一起来到中国访问。马氏是非常尊重孔子文化的人，他十分了解中国人祭祖尊孔的习俗，并且精心研究和探讨了中国古书中的《书经》。在此之后，殷弘绪翻译了朱熹的《劝学篇》，赫苍壁选译了《诗经》和刘向的《列女传》，冯秉正将《通鉴纲目》十二卷翻译成法文，钱德明著有《孔子传》《孔门四贤略传》等，这让中国国学经典在西方国家得到了大力宣扬。

将儒家经典书籍翻译成法文的不仅有法国传教士，还包括其他国家的传教士，影响极为广泛。比利时的传教士卫方济把《大学》《中庸》《论语》《孟子》《孝经》《三字经》等翻译成法文，著成《中国六大经典》，并于1711年在比利时出版发行。传教士们不仅对孔子文化的相关书籍进行翻译，还亲自写书介绍孔子文化的相关知识。《中华帝国全志》在法国出版后，又有英、德、俄等国家对该书进行了翻译传播，书中包含大量的孔子和康熙像，并且在第二卷详细地讲述了儒家经典诗书和教育方式。这部著作在之后的法国和欧洲其他地区的影响很大，其中伏尔泰、霍尔巴赫、魁奈等人的思想观念就受到了孔子文化的影响。德国第一次接触孔子文化也是通过耶稣会传教士。法国在1735出版的杜赫德的《中华帝国全志》一书称，德国在1747年至1749年就有孔子文化翻译成德文的相关证明，并且在1798年对《论语》一书进行了翻译。另外，汉堡大学的佛兰惜也把《春秋繁露》翻译成德文。孔子文化的翻译活动被大大推广，使德国人对孔子文化有了初步的了解。

德国的花之安和安保罗对孔子文化的研究最深入。1884年，花之安创作出《自西徂东》一书，并在中国香港大量出版销售。该书一共包括五卷内容，即"仁集""义集""礼集""智集""信集"。花之安极为反对孔子文化的传播，但他认为孔子文化中的一些道德思想观念和西方的"耶稣道理"是有共同点的。

在1899年，卫礼贤也对孔子文化和儒家经典进行了深入的研究。另外，卫氏还曾经在民国初年将《论语》《孟子》的部分内容翻译成德文，把《大学》《中庸》《易经》《礼记》《吕氏春秋》等全书翻译成德文。1961 年，他的后代还发表了他生前翻译的《孔子家语》一书。他在 1923 年还担任过北京大学的教授，后来才回到德国。回国后他仍然没有放弃对孔子文化的研究，并于 1924 年在法兰克福大学担任汉学方面的教授，后来还创建了中国学院和创办汉学杂志以传播中国传统文化的精神。卫氏通过对中国孔子文化进行学习和研究，发现孔子文化的一些精髓部分与西方文化相比有许多优点，并创立儒家经典书籍的阅读风尚，还让自己的儿子也从事汉学研究，从而让孔子的地位不断得到提升。

18 世纪 60 年代，英国进行了工业革命。当时英国资产阶级需要广大的市场，其中中国市场最大，为了打开中国的大门，他们派遣传教士前往中国。1807 年（清嘉庆十二年），马礼逊来到中国并在 1824 年带走中国一万卷书籍回到英国，其中包括大量关于儒家经典的书籍。在此之后又有许多孔子文化书籍、汉画等传入英国并被收藏在英国博物馆和大学中，其中不少都是中国很珍贵的书籍。比如徐光启的《诗经传稿》（清康熙十二年刻本）（现存的唯一一本）藏于牛津大学。这对推动孔子文化在英国的发展和英国对中国的了解有一定作用。所以，英国在对中国发动鸦片战争后发现，对中国的侵略征服用武力是不能解决的，其中最重要的原因就是中国以孔子文化为中心的传统观念是抵制侵略的思想力量。因此，传教士们加强了对孔子文化的研究。学者庄士敦说："中国政教文化基于孔教……外教无论如何优美，亦不可与孔教并峙于中国。"庄氏派陈焕章担任孔教的"讲经大师"，他认为"'四书''五经'是中国教育的特色"，要经过研究不断了解孔子文化和英国文化的关系。

英国人也逐渐认识到学习孔子文化是很重要的。1861 年，雷祈对"四书""五经"进行了研究翻译。1873 年，理雅各回到英国后，大力促进英国和中国之间的贸易及文化往来，加强本国学者对孔子文化的研究学习。理雅各还翻译了中国的《十三经》等十多种经书供本国人民学习。吉尔斯还将与儒家经典相关的各类书籍进行翻译，甚至包括一些反儒家的著作，这样就能够使英国人多方面地了解儒家思想。

同时，英国对孔子文化的研究在各个方面都有涉及，除了对儒家经典进行大量翻译外，还向本国学生开设讲座，如 1786 年，在牛津大学开设了汉学方面的讲座，并且聘请理雅各作为讲师。在理雅各的倡导和鼓励下，又有许多传教士开始对孔子文化开展研究活动，休中诚就是其中一位。他的研究目的是想通过自己对孔子文化的研究，向全英国乃至全西方介绍儒家经典学说。他后来在《中国古代哲学》一书中，对孔子及其弟子子思、孔门诸儒以及孟子、荀子等儒家代表的思想文化进行了详细的描写和介绍，还向本国人民传播了关于中国的《论语》《孟子》《大学》《孝经》《易经》《白虎通义》等儒家经典相关内容，对这些书籍进行了专门篇章的讨论介绍。

（二）中国留学生对孔子文化的传播

除传教士外，中国学者也对传播做出了一定的贡献。据李思纯的研究，清朝康熙、雍正年间，曾经派过许多中国学者前往欧洲的英国、法国、意大利等地留学。他们的留学也促进了孔子文化在西方国家的传播。1723 年，意大利传教士马国贤从中国学习回到本国后建立了一所中国学院，并带回了 5 名中国学者。另据中国台湾学者张昊的研究可知，在意大利的东方学院，自 1800 年开始每年都会出版一册关于孔子文化的书籍。1869 年，在西方就有中国人宣传孔子文化，教授中文，还编有《华学进境》等相关书籍，这本书主要的讲解内容来自《孝经》《论语》《大学》等书籍。由中国学者给西方带去的孔子文化比传教士传播得更加精准、深入。乾隆年间，留学法国的中国学者杨德望和高类思积极宣传中国传统的孔子文化，并与法国学者互相探讨学问，其中交流最多的是法国重农学派的领袖杜尔哥，两国关于农业的交流，为中国的农业建设做出了贡献，也为杜尔哥在法国建立重农学派提供了理论借鉴。另外，高类思撰写的《中国古代论》一书也对中国的《论语》《大学》《中庸》《易经》《诗经》《孝经》等多部儒家经典有所涉及。

（三）孔子文化与欧洲文化的关系

18 世纪，法国的资产阶级有许多思想启蒙的学者，他们高举"理性"的旗帜，主要攻击的对象是封建专制政治制度和封建神权。他们倡导的是民主社会和开明专制制度，极力反对君主专制制度。启蒙思想家从中国的孔子文化思想中获得启发。其中，法国的百科全书派和重农学派受到孔子文化的影响最大。

法国百科全书派的领袖是霍尔巴赫。霍氏非常认可孔子文化中的反宗教思想，主张学习孔子的以德治国思想。他把学到的孔子文化与本国实际情况相结合，创造出了"德治"这一新词，并创作了《德治或以道德为基础的政府》一书。在书中，他写道："在中国，理性对于君主的权力，发生了不可思议的效果，建立于真理之永久基础上的圣人孔子的道德，却能使中国的征服者，亦为其所征服。"另外，百科全书派的狄德罗对中国哲学史有一定的宣传，他对孔子的"四书""五经"进行了介绍。他还认为孔子文化属于伦理学和政治学的范畴，是比较务实的，而不是研究灵感和鬼神之说。他认为中国能够治国、平天下在于儒家思想的"理性"或"真理"的熏陶，并对孔子文化给予了一定的赞赏。

伏尔泰在孔子文化的传播过程中起到了极大的作用。伏尔泰接触中国文化是通过传教士们的介绍，他从此对孔子文化产生了很大的兴趣，并对孔子大加称赞。他因此深入了解了儒家各种经典著作的翻译本。他后来主张法国应该在治理国家的时候加入儒家思想观念，应实行德治。伏氏认为基督教多讲鬼神之说，只会禁人行恶，而孔子学说主张以德服人、劝人行善。伏尔泰说过："我读孔子的许多书籍，并作笔记，我觉着他所说的只是极纯粹的道德，既不谈奇迹，也不涉及虚玄。"他认为中国的思想观念和伦理道德受到儒家思想的影响是最为崇高及文明的。伏氏对孔子文化大加赞扬，并以《赵氏孤儿》为参考，创作出了《中国孤儿》剧本。他在《哲学辞典》中的"哲学家"一节中，对孔子的格言感叹道："多么可悲，西方人也许应该感到羞愧……竟要到东方找到一位智者……他在公元前六百余年便教导人们如何幸福地生活……这位智者便是孔子。""普遍的理性抑制了人们的欲望，把'己所不欲，勿施于人'这条法则刻在每个人的心中。"可以看出伏氏对孔子文化是相当敬仰的，对其研究十分透彻，并且还把孔子的画像挂在礼拜堂里，让孔子文化的精粹随时激励着自己。

中国自古以来都把农业放在首位，农业是国家财富的象征，所以孔子文化的内容也大多涉及农业，因此受到魁奈和重农学派的认可。魁奈所说的"农人穷困，则国家穷困；国家穷困，则国王穷困"的观点和《论语》中记载的"百姓足，君孰与不足，百姓不足，君孰与足"的观点大同小异。1756 年，在他的观念的影响下，法国国王路易十五也开始大力提倡发展农业，并亲自参与耕田的仪式。魁奈把孔子文化传播到欧洲国家使他获得了"欧洲孔夫子"的称号。

另外，重农学派的代表人物杜尔哥也从传教士和中国留法的学生中学习到了大量与儒家相关的理论学说，还深读过儒家学派的经典书籍《易经》《诗经》《孝经》《左传》《周礼》《礼记》《论语》《大学》《中庸》等。杜氏在儒家经典文化中学习到了大量的先进思想观念，并大力促进了重农主义体系的发展，也极大地促进了欧洲启蒙运动的发展。

18 世纪，德国出现了各种体系的学说，原因之一是资产阶级启蒙思想家们在文学界和哲学界中受到了孔子文化的影响。在德国哲学界中，莱布尼茨对孔子文化的赞扬尤为多，他是第一个认可孔子文化对西方起到积极作用的人。莱氏在 21 岁时就对儒家的自然神学、道德观及政治观非常认可，并进行了研究。莱氏在《致爱伦斯特的一封信》中说："今年巴黎曾发行孔子的著述，彼可称为中国哲学者之王。"莱氏对中国古老文化越来越感兴趣，希望对中国文化有进一步的了解，所以于 1690 年在罗马会见了闵明我，并与闵明我保持着密切的书信联系，希望能够得到更多学习中国文化的机会。1698 年，白晋与莱氏互相探讨《易经》中的观点知识，其中《易经》中的卦爻引起了莱氏的注意。这让法国传教士白晋成为对莱氏学说影响最大的人。1703 年 4 月，莱氏把自己编制的二进位表送给白晋，同年 10 月白晋也送给莱氏两个易图，其中一个是《伏羲六十四卦次序图》，另一个是《伏羲六十四卦方位图》。《易经》的阴爻、阳爻思想与莱布尼茨发明的二元算术是相辅相成、大同小异的。经过这一重大进步，他开始对中国哲学更加热爱。《易经》促进了莱氏的二进制算术的进步和完善。

莱布尼茨的学生沃尔夫继他之后继续对孔子文化进行传播和学习研究。1721 年，沃尔夫在哈勒大学发表了一篇演讲，题为《中国人实践哲学》，演讲的主要内容是把儒教和基督教进行了对比研究，这让孔子文化在欧洲的影响力提升。

德国著名的哲学家康德和黑格尔在研究孔子文化的角度方面与其他学者完全不一样。根据记载，康德的老师舒尔兹是莱布尼茨的再传弟子，所以康德的教育也在一定程度上受到了孔子文化的熏陶。康德在研究过程中推翻了莱布尼茨的哲学体系，但是保存了莱布尼茨的"二元算术"思想观点。朱谦之认为二元算术是通过《易经》发展过来的，是一种辩证法思维。在前者的基础上康德又提出"二律背反"的观点。黑格尔在受到中国哲学思想的影响下，也创造出了新的哲学体系。但是西方主义的黑格尔对东方哲学思想带有一些偏见。黑格尔认为"孔子只是一个实际的世间智者"，而且"孔子的道德教训所包含的义务都是在古代就已经说出来的，孔子不过加以综合"。在黑格尔的演讲中可以看出他对孔子文化的认识是不全面的，是带有西方主义偏见的。

孔子文化在德国的影响很大，尤其是对大诗人歌德。中国许多学者研究发现，他在很早就开始接触中国儒家文化。其中，李思纯发现歌德在 1770 年就已经将儒家的"六经"熟读。杜赫德编纂的《中华帝国全志》在 1749 年被翻译到德国，并在魏玛公爵的宫廷中广泛流传，同时也被歌德反复学习研究。歌德还把中国的《赵氏孤儿》改编成悲剧《哀兰伯诺》。歌德认为，中国统治是以儒家思想为中心的，并对孔子文化加以赞扬，后来歌德在德国被称为"魏玛的孔夫子"。

（四）孔子文化在欧洲的传播

在欧洲，法国最早开始学习儒家思想。在 20 世纪 30 年代，法国巴黎的图书馆中关于儒家的经典书籍就有上万册。法国通过大量收藏儒家典籍，使孔子文化在欧洲的传播得到了极大的促进。20 世纪初期，孔子文化的学习已经在欧洲占据重要的地位。在法国学习汉代文化的著名学者沙畹翻译了中国古书《史记》，并对《礼记》《周礼》《书经》《左传》等书籍进行了研究。他也多次来到中国实地考察齐鲁故地，并到孔孟庙堂和太史公陵墓祭拜。另外，1911年，法国任命他为远东学院教授，教导法国人民学习儒家经典。他还学习了《易经》《书经》等儒家经典。葛兰言是另外一位著名学者，他的著作有《中国思想论》，这部书的主要内容是向世界各地人们介绍儒、墨、道、法各派学术。他认为儒家思想可以创造更好的社会生活环境。其他学者还有顾赛芬、高本汉、格拉勒、吴康等，他们分别翻译并研究了"四书"、《诗经》《礼记》《左传》《礼仪》《周礼》《春秋》等书。法国著名史学家塞诺博完成了《古代文化史》一书，在书中他表示孔子文化是非宗教性的。在欧洲其他国家，如德国一些专家、学者也对孔子文化进行过深入的研究，霍古达就是其中一位。第二次世界大战前，在德国研究汉学的名人一共有4位，即卫礼贤、佛尔克、福兰阁和柴赫。其中佛尔克研究的是孔子相关文化中的中国哲学史，福兰阁研究的是孔子文化中的中国史。1960年以后，孔子文化随着德国实际情况的变化而不断发展。在1964年，施唐格对中国的《论语》进行了翻译。欧洲大学曾将《孟子》作为选读课，并兼涉及《荀子》一书，这体现了孔子文化在欧洲的重要影响。1960年，里昂大学汉学研究所的史旦宁也对儒家经典有所研究并著有属于自己的论文。德国学者还研究了儒学在当代资本主义国家的融合问题。

随着新中国的成立和国际地位的不断提升，孔子文化对英国学者的影响越来越大。截止到1957年，英国研究儒家经典的学生人数已经超过百名，教师数量也在不断增多，课程内容也偏向唐宋之前的孔子文化的学术研究。在牛津大学，授课内容偏重于古典文献的学习，其中《左传》《孟子》中的篇章为必学科目，《孝经》及唐宋传奇等作为选修，诗的学习部分则主要对《诗经》和唐诗进行分析学习。此外，剑桥大学的课程也都涉及中国的古典文化和中国史，中国文化史、中国古代史、中国文学史等都有关于孔子思想的内容。专著的讲授还包括《孟子》《荀子》《史记》《汉书》等儒家经典学说。伦敦大学也同样对中国的古文进行了翻译，针对中国哲学史开设了课程，他们用的教材中，古文方面就是从《孟子》《史记》《颜氏家训》等著作中选取的。在英国乃至整个欧美汉学界中，比较著名的翻译家是威利，他先后翻译过《诗经》《论语》等。对孔子文化有所传播的还有牛津大学的霍克思、伦敦大学的崔采德等。其中，最权威的还是英国皇家学会会员李约瑟，他对孔子文化能够提出自己独特的见解。李约瑟还继德国的莱布尼茨之后对儒家思想和数学进行了分析，提出"在历法领域中，数学在社会上属于正统的儒家知识的范畴"的学术观点。

英国学者们对孔子文化的认识来自《新不列颠百科全书》中的"儒学"条目介绍。这个条目被译成中文，长达四万字，对孔子及其家世以及孔子所处的时代进行了透彻的分析讲解，并对孔子的政治思想、哲学思想、伦理思想、教育思想，孔子对中国和世界的影响以及儒学的发展等方面进行了透彻的理论分析。此书最后成为对中国儒家文化介绍最全面的书籍，在世界上的影响是非常大的。

三、孔子文化在美国的传播

孔子文化在美国的传播比在欧洲的传播晚得多，这是因为美国历史非常短暂。虽然美国起步较慢，但是发展很快，作为最大的资本主义国家也逐渐对孔子文化进行接纳。孔子文化早期的传播是通过美国的传教士，20世纪之后传播的主要力量是中国的留学生和学者。

（一）孔子文化通过传教士传播

美国资本主义的快速发展始于独立之后，19世纪初其对华贸易就已经是世界第二位，仅次于英国。美国在发展过程中，对中国的政治、经济、文化进行了侵略，派遣了许多传教士学习并研究中国传统文化，虽然是被动的，但是也对中国大门的打开起到了一定的促进作用。

1830年，来中国学习儒家文化的第一个美国传教士是裨治文。到19世纪末，美国在华传教士已发展至一千五百多人。其中，裨治文、卫三畏、丁韪良、明恩溥、狄考文、卫斐烈等较为著名。美国来华传教士学习孔子文化后对孔子文化产生了深深的感情。1832年，裨治文创办了《澳门月报》，主要介绍中国的历史文化和孔子思想等方面的知识。1842年，美国传教士和外交官成立美国东方学会，这个学会的宗旨是"传布东方知识，增进东方语言学研究"，主要对中国的儒家经典和孔子文化的发展历史等进行研究，通过研究成立了东方文献图书馆，并创办了《美国东方学会杂志》《美国东方学丛刊》和《美国东方学翻译丛刊》等。从19世纪70年代起，中国的传统文化在美国的大学建立相关研究课程。1876年，在卫三畏的主持下，美国第一个汉语教学研究的专门机构和图书馆在耶鲁大学建立，此后加利福尼亚大学、哈佛大学、哥伦比亚大学等著名大学也相继建立研究机构和图书馆并延续至今。其中，耶鲁大学聘请卫三畏作为传播中国文化的第一位教授。卫三畏自己也提出要把孔子文化和基督教教义相结合，这对孔子文化的传播起到了促进作用。美国传教士丁韪良、李佳白等也对卫三畏的主张表示认可。美国还通过兴办教会学校来学习孔子文化。狄考文对待兴办教会学校的态度："作为儒家思想支柱的是受过高等教育的士大夫阶层，如果我们要取而代之，我们就要训练好自己的人，用基督教和科学教育他们，使他们能胜过中国的旧式士大夫，从而能取得旧式士大夫所占的统治地位。"对于教会学校的教育内容，学者们经过一番探讨认为应该把孔子文化和基督教教义相结合，共同取长补短。另外，美国传教士还将讲授儒经的课程作为重点，这对孔子文化的发扬有着促进作用。

（二）孔子文化在美国的传播

孔子文化在美国的传播得到了多方面的认可，美国政府也很支持和重视。这种重视表现在许多方面，比如让传教士大量翻译研究孔子文化著作等，其中最重要的方式就是在 1935 年，美国人把孔子和犹太教的先知摩西、古希腊的改革家梭伦的雕像放在联邦最高法院的正门上方，将孔子和外国的摩西、梭伦共同视为"立法者"，并且使孔子文化拥有很高的地位。美国为了对孔子文化进行学习研究，不断搜集相关资料。1869 年，美国政府为了更多地了解孔子文化，向清政府提出以种子交换清朝文献的要求。6 月，清政府指派恭亲王将中国古典经籍《皇清经解》《五礼通考》《性理大全》等 10 种 130 函送给美国作为交换，从这以后，孔子文化被大量带入美国图书馆，为孔子文化在美国的传播提供了契机。这批书同时也成了美国图书馆中第一批中文古籍藏书，为美国研究中国文化提供了资料借鉴。第一次世界大战后，美国的经济实力不断提升，国际地位不断上升，与此同时美国也开始了对外的侵略扩张。美国为了加深对中国文化的了解，不惜增加大量的资金增添图书馆的中文藏书，同时还大量引进中国的学者以增进对中国文化的了解，这让孔子文化的地位得到提升。这些举措对美国研究孔子文化工作起到了促进作用。

19 世纪末到第二次世界大战前夕，美国的大学图书馆及公共图书馆都对孔子文化方面的书籍做了大量的收集。1907 年到 1910 年，芝加哥派美籍汉学家劳福到远东考察并带回 3 万余册书籍。1904 年到 1908 年，清政府第二次给予美国大量的书籍，这些书籍保存在美国的国会图书馆中。在近百年的时间里，国会图书馆还派本国的"中国通"、外交官等获得中国的古典书籍。比如 1879 年，美国从广州盗买 2500 册中国古典书籍，1929 年从天津盗买 22 000 多册中国古典书籍。抗日战争期间，国民党政府与美国国会图书馆勾结，将原北平图书馆的 21 000 种书籍偷运至美国。国会图书馆对大量的中国书籍进行了复制，其中包括宋版书 156 种，元版书 100 种，明版书 2000 种，墨印碑文拓片 7000 种。美国国会图书馆在 1928 年建立中文部，为的是让更多的美国人学习中国文化。

1869 年到 1930 年，美国图书馆对儒学经典设有多个藏书点，并且藏书数量有数千本，为美国学者研究孔子文化提供了大量的借鉴。

20 世纪 60 年代以后，中美的国际关系形势发生了很大的变化。这一时期，美国对中国文化的研究发展十分迅速，与此同时还开始了对中国传统文化经典的研究。因为他们认为，历史具有延续性，要想对当代的中国有所了解就要研究中国的历史。而中国的历史文化中，占据主要地位并推动历史发展，对现代还有一定影响的就是儒家思想和孔子文化，所以美国在这一时期加强了对孔子文化的研究。孙越生研究发现，美国有关中国文化的研究机构，20 世纪 70 年代初已近千个，其中既有政府和大学设立的研究机构，也有协会和基金会等设立的有关机构，这让孔子文化在美国得到了发展。1978 年美国有关中国文化的研究机构数量已经有 188 个，研究出的成果还可以著书出版，并设有专门的研究课题。

（三）美国学者对孔子文化的研究

在美国非华裔学者中，研究中国文学较为著名学者的有费正清、史华慈、卜德、赖肖尔、狄百瑞、芬格莱特、安乐哲、郝大维等人。费正清的《美国与中国》《东亚：伟大的传统》（与赖肖尔合著），史华慈的《古代中国的思想世界》，郝大维和安乐哲的《通过孔子而思》，狄百瑞的《儒家的困境》，芬格莱特的《孔子：即凡而圣》等都对中国的孔子文化和儒家经典进行了介绍。在美国学术界，人们把学术进行地域分类，如芝加哥的传统派、波士顿的"对话派"、夏威夷的"诠释派"等。

芝加哥传统派中最为著名的是顾立雅。他作为美国老一辈学者，主要研究的是中国孔子文化及儒家思想等。他创作出《孔子与中国之道》等书籍，向欧美人们宣传孔子文化。其中，《孔子与中国之道》一书在欧美最为著名。

《孔子与中国之道》主要是介绍孔子文化所处背景、孔子生平事迹等。这本书对儒家经典书籍进行了详细研究，使人们对孔子文化有了更进一步的认识。另外，顾立雅对反儒学的理论进行了辩论，阐明了自己对中国儒家经典的理解。在顾立雅的研究过程中，他把孔子思想观念和西方著名学者苏格拉底、柏拉图等一些思想启蒙运动领袖的思想观念相结合。这一研究让孔子文化的价值大大提升。顾立雅认为孔子在社会发展的过程中不断受到质疑，但是他希望通过研究能够让人们真正认识孔子文化并消除偏见，能够让孔子文化思想和人们的生活融合在一起。顾立雅对孔子文化的发展传播起到了重要的作用。

波士顿的"对话派"的代表人物有南乐山、杜维明和史华慈等。南乐山受基督教的影响较大，所以他在研究孔子文化时比较注重将其与基督教观念相结合。另外一位代表人物是杜维明，作为一名华裔，他主张的是把儒家经典文化与伊斯兰教等东方学说相结合。史华慈是"对话派"中最为杰出的学者，他认为儒学具有历史性，并对孔子文化给予肯定和理解，他所研究的角度相对客观。史华慈研究并撰写了《古代中国的思想世界》一书，在学术界引起重视。这本书对上古文化渊源以及诸子百家如孔子、墨子、孟子、荀子等多方面的内容进行了分析研究。为了证明中国古典文化具有跨科学的属性，他从中西两方面对先秦的孔子思想重新进行了整理和研究。他的研究证明了现代的科学理论和古代的孔子思想具有联系性，这大大提高了孔子文化的价值。他一直主张文化交流的观点，认为孔子文化应该在各个国家的交流探讨下进步，并且强烈反对文化冲突论。

夏威夷的"诠释派"的代表人物是郝大维、安乐哲、成中英等。他们具有共同的特点，就是从语言、概念、观念和本体方面出发，主张把中西哲学相连，希望在"解构"中国哲学的同时能够达到对儒家文化的"重建"和"创新"。安乐哲与郝大维做到了将中西哲学文化相连接，并创作出《通过孔子而思》。该书的核心内容是孔子自述的"吾十有五而志于学，三十而立……七十而从心所欲，不逾矩"，按照原文的顺序，一句话一章，每章都对儒家思想进行了解剖研究。例如，第一章对孔子文化的思维方式进行了解释，并把孔子观点中的学、思、知和西方的思维方式进行了分析对比；第五章是对孔子的语言文字方面进行的探讨介绍，并从古代汉语的审美品质角度进行研究，提出孔子文化具有"鉴赏家""沟通大师"的特征。郝大维与安乐哲还认为，只有将各个方面的文化与孔子文化相互借鉴、协调发展才能真正展现出孔子文化的价值，才能让人们更全面地理解孔子文化，激发孔子文化的潜质。另外，美国对孔子文化研究做出贡献的一位哲学家是赫伯特·芬格莱特，他曾任美国哲学学会主席。他不仅对中国儒学经典进行了相关研究，还对道德哲学、心理学、法学等方面有所研究。芬格莱特虽然在汉学领域不是最权威的，甚至缺乏直接阅读古汉语的能力，但是他在1972年出版的《孔子：即凡而圣》一书得到了其他著名汉学家的认可，也对孔子文化的传播做出了贡献。葛瑞汉认为这本书帮助西方学者树立了方向，为中国古典文化的研究奠定了基础。史华慈在他创作的《古代中国的思想世界》一书中也认为芬格莱特对中国儒家经典的研究贡献是非常大的。这些国外学者对孔子文化的研究成了传播孔子文化的一股重要力量。其中根据华裔学者自己的研究写成的著作有：陈荣捷的《中国哲学文献选编》，萧公权的《中国政治思想史》，余英时的《士与中国文化》和《朱熹的历史世界》，杜维明的《仁与修身：儒家思想论集》《道·学·政：儒家公共知识分子的三个面向》和《中庸：论儒学的宗教性》，成中英的《中国哲学与中国文化》，林毓生的《中国传统的创造性转化》等。这些著作都对孔子文化进行过研究，这些华裔学者成为在美国学术界传播孔子文化的重要力量和支柱。陈荣捷在国际讨论会上对中国哲学问题提出了自己的看法。他的著作《中国哲学文献选编》的第二章"孔子的人文主义"所写的主要内容就是对孔子文化哲学思想的分析介绍。他说："如泛说孔子塑造中国文化，这是毫无可疑的。然而，如缩小范围，说孔子也塑造了中国哲学的特质——亦即他决定了尔后中国哲学发展的方向，或建立了中国哲学发展的模式——则似乎过度夸张。然而此说真实无误，它比一般所理解的还要来得真实。"这说明孔子哲学思想对中国社会发展具有促进作用。陈荣捷认为孔子文化中有许多问题都没有谈及，还有一些观念在《论语》一书中也找不到答案，比如阴阳、太极这些词，但是中国儒家的哲学问题规定了人文主义这一基本特征，而人文主义可以从《论语》中找到思路。陈荣捷说，孔子文化在很早之前就提出过人文主义，并把人文主义转向中国哲学这一层面。孔子在研究学术问题的过程中对精神存在问题没有谈及，而是相信"人能弘道，非道弘人"的观点，注重人的问题。陈荣捷认为，孔子不仅研究了中国的哲学问题，还对中国哲学提出几点基本概念，即"正名""中庸""道""天"和"仁"（人性）。

杜维明从孔子文化的历史观角度出发，认为孔子在对历史人物的评论中不是唯道德主义者，更不是道德至上论者。比如孔子在评论管仲时，从两方面进行说明：一方面斥责管仲"器小""不知礼"，极表不满；另一方面又对他帮助桓公"九合诸侯""一匡天下"而完成霸业的功劳极为称赞。林毓生在《中国意识的危机》一书的第三节"五四时代彻底反传统主义的来源"中，认为儒学治理社会和研究学问的依据是人们内心的精神文明和道德修养文化。窦宗仪在《马克思主义和儒家论人性及其实践》一文中提出马克思主义和儒家思想在人性问题上所表现出的相同点和不同点，并宣扬了孔子文化、孔子伦理思想中的中庸观念是具有非常大的作用和价值的。窦宗仪说："孔学的价值，是在于它所维护的一条处于极端个人主义和极端集体主义之间的道路，即中庸。在任何情况下，一切学说理论要发挥巨大的作用，就必须遵循中庸之道。"这些观点促进了儒家思想和孔子文化的发展传播。

另一位学者余英时对"道学""道统"观点进行了研究。余英时认为现在以欧洲哲学为研究标准是不对的，这种方法将"道学"从儒学中抽离，再将"道体"从"道学"中抽离。应该承认"道学"是"内圣外王之学",其内涵也比"道体"更深。余英时解释说"道统"时代"最显著的特征为内圣与外王合而为一"。所以,朱熹划分"道统"是从政治角度出发的,主要依据"约束君权"这一观点。

第三节　中华优秀传统文化面临的机遇与挑战

在经济全球化的背景下,文化已成为国家之间综合实力竞争中的软实力,也越来越显示出其强大的影响力。随着网络、信息技术的飞速发展,文化比以往任何时候都深入而又直接地影响着人们的生活习惯、价值观念、行为方式。多元文化不断涌入中国并且渗透于中华文化之中,这对中华传统文化来说是把"双刃剑",既是机遇,也是挑战。如何在坚定文化自信、保持文化立场的同时,"取其精华,去其糟粕",吸收优秀文化的精华,加速中华文化体系的建设,用好这把经济全球化之"剑",对于我们来说是一个值得深思的重大课题。

一、中华优秀传统文化面临的机遇

（一）使我国人民进一步增强文化自觉

文化自觉是文化的自我觉醒、自我反思和理性审视,是人们对自己传统文化应该有的客观认识,同时也要了解其他文化,处理好本土文化与外来文化的关系。经济全球化使世界各民族文化相互碰撞、相互交流,也使国人在中华优秀传统文化与外来文化的比较中更加客观地认识自己文化的独特性和优缺点,理性地对待外来文化,深刻反思经济全球化趋势下,中华优秀传统文化在适应新的文化传播技术、文化创新方式、充分开发利用方面存在的问题与不足,使我们更好地认识和传承中华优秀传统文化,讲好中国故事,培育社会主义核心价值观,从而坚定民族文化自信心。同时,我们应通过对外来文化的了解和对传统文化的自我反省,更加清醒地认识到实现中华民族伟大复兴的中国梦,既要继承和弘扬中华优秀传统文化,增强民族意识,坚定文化自信心,还要积极吸收外来文化,主动摒弃糟粕,在继承中创新发展传统文化。

（二）为我国吸收借鉴外国先进文化提供了更多机会

经济全球化缩短了不同国家、民族、地区间的距离,营造了开放的世界文化环境。网络、信息技术等现代科技的进步使文化传播速度越来越快,传播方式灵活便捷,冲破了时间、空间和国家间意识形态的阻碍,民族间的联系更加紧密,文化交流互鉴更加频繁深入。不同民族文化之间相互交流、相互碰撞、相互融合、取长补短，为中华优秀传统文化的发展提供了更多机会。中华文明之所以几千年来源远流长，就在于其包容性、多样性，能吸收人类一切先进文化和优秀成果，在吸收、接纳中不断创新发展。中国今天主动倡导构建人类命运共同体，就是要创造一个和谐发展的世界环境，为世界人民互相学习、共享人类发展成果贡献中国智慧，同时也为实现中华民族的伟大复兴创造良好的国际环境。

（三）推动中华优秀传统文化走向世界

经济全球化为世界各国文化交流搭建了平台，也为中华优秀传统文化走向世界创造了更好的环境，使中国以爱好和平、崇尚平等、促进发展的大国形象出现在世界舞台上，让更多的国家和人民能够了解真实的中国，实现中国与世界的和谐发展。

经济全球化使中华优秀传统文化中丰富的治理理念得以在交流对话中走向世界，为世界和平与发展提供了方案。如"天下大同"的政治目标，"政之所兴，在顺民心"的民本思想，崇尚人与自然、人与人、人与社会、社会与社会之间的和谐、和睦、和平共处的"和合"精神等都是中华优秀传统文化传承至今的智慧结晶。习近平总书记在十九大报告中指出："倡导构建人类命运共同体，促进全球治理体系变革。我国国际影响力、感召力、塑造力进一步提高，为世界和平与发展做出新的重大贡献。"中华优秀传统文化中蕴含了许多伦理道德和行为规范，被更多的民族所接受。十九大以来，习近平总书记倡导"一带一路"和"人类命运共同体"建设，他在2013年印度尼西亚国会演讲、2017年"一带一路"国际合作高峰论坛开幕演讲等各种世界性的大会中用中国话语、中国思想向世界各国人民推广中国伦理道德观念，推动世界各族人民对经济、政治、文化、生态等各个方面共同利益的认知，维护人类共同利益，实现"美美与共，天下大同"的人类进步发展。

中国通过举办文化节、对外文化援助项目将中华优秀文化价值追求传播至世界各地，为世界和平与发展提供了强大动力，也为中国在世界舞台树立了良好形象，为中国和平崛起创造了良好的国际环境。

二、中华优秀传统文化面临的挑战

不同文化的碰撞融合，不仅为中华优秀传统文化发展带来了机遇，同时也使中华优秀传统文化面临着冲击，深刻影响并改变着中国人的传统观念，为中华优秀传统文化的传承与发展带了巨大挑战。

（一）文化渗透威胁国家安全与社会稳定

文化是维系一个国家和民族的精神纽带。在经济全球化背景下，西方借助强大的经济实力和先进科学技术，利用其文化产品发达的优势，用尽各种隐晦方式和传播媒介来宣扬资本主义的意识形态，推行西方的价值观念，控制意识形态领域的话语权。中国作为世界上最大的发展中国家，经济总量位居全球第二，是维护世界和平的重要力量，自然引起了美国等西方国家的担忧，将中国看成竞争对手，不惜一切手段进行经济封锁、军事围堵，特别是通过扶植资产阶级代言人，否定中国革命历史和英雄人物，宣扬资产阶级民主，企图通过文化渗透、和平演变，否定中华传统文化，瓦解我们的主流意识形态，造成人们思想上的混乱，削弱中国特色社会主义文化的主导权，阻止我国前进的步伐。这不仅影响我国意识形态领域安全，也威胁我国的安定团结。

（二）西方霸权带来的文化入侵阻滞我国的文化发展

在经济全球化进程中，西方资本主义国家在经济、政治等方面占据主导地位，他们利用商品销售和资本输出的优势，极力推行文化霸权，通过各种联盟、论坛、学术会议和网络文化宣扬资本主义文化的优势，控制文化交流对话的话语权。一方面，西方一些发达国家为了达到文化入侵的目的，往往打着"民主""自由"的幌子，宣扬资产阶级民主，单向输入自己的价值标准，而现实中又利用文化霸权采取双重评判标准，指责别人，掩饰自己的霸权行为，有时极具欺骗性。不仅如此，西方文化霸权还利用其发达的技术和文化产业优势侵占我国文化资源，挤压我国文化产业发展空间。这种种行为严重阻滞中华优秀传统文化的传承与发展。

（三）经济一体化致使文化商业化"作秀"

经济与文化相互制约、相互影响。文化作为一种社会意识，又区别于经济发展规律，存在着相对的独立性。然而经济全球化条件下这种独立性逐渐被削弱，优秀传统文化在传承上容易形成商业化"作秀"。

文化与经济的"有机融合"不仅体现在文化作为上层建筑对经济的发展反作用，更体现在经济作为物质基础对文化发展的决定性作用。因此，文化的商业化运作既是文化生存和传承的一种方式，也是促进经济发展的一种方式。但出于对利润的追求而进行的商业化运作，成为一种自发的逐利行为，而不是自觉的文化传承需要。例如，古朴的小镇中充斥着一些西式商店，古寺院门口摆放了一些充满商业气息的广告等，冲淡了传统文化的感染力，使人们在消费过程中潜移默化地接受了西方文化，从而淡化了对自己优秀传统文化的了解。因此，如果不加强管理，文化传承的根基就可能会被动摇。同时，经济一体化的过程中，必然会滋生一些拜金主义、享乐主义、极端个人主义、唯利是图等腐朽思想。这些物化了的文化内容和形式对中华优秀传统文化传承与发展形成了严峻的挑战。

（四）文化冲突冲淡国人对中华优秀传统文化的文化认同

"文化认同，是人们在一个民族共同体中长期共同生活所形成的对本民族最有意义的事物的肯定性体认，其核心是对一个民族的基本价值的认同，是凝聚这个民族共同体的精神纽带，是这个民族共同体生命延续的精神基础。"特定的民族和地域有着特定的文化，不同文化在行为习惯、价值标准、思维方式方面具有先天的差异。由于它们天然价值标准和评判尺度的不同以及利益追求的不同，必然会在文化碰撞中发生冲突。中华优秀传统文化传承发展了五千年从未中断过，其所倡导的爱国主义、仁爱平等、自强不息、"和合"、勤劳、尊重自然等先进的价值观念对维系社会和谐、促进社会进步发挥着重要作用。但随着经济全球化的不断深入发展，世界各国文化以其独特的民族性广泛交融、相互影响，中华优秀传统文化自然也面临多元文化的强力冲击，从而导致国人淡化对中华优秀传统文化的文化认同。

第五章 中华优秀传统文化当代价值的丰富内涵

中华优秀传统文化的当代价值，是指中华优秀传统文化能够为改革开放时代的新型文化价值体系的建构提供精神滋养和智力支持。中华优秀传统文化的当代价值及其现代性，凝结了它的民族性。中国精神、中国价值、中国作风、中国气派，体现于民族性之中，通过民族性而表现出来。发掘中华优秀传统文化的当代价值，要有合理的边界。本章分为凝聚整合价值、借鉴启发价值、德育教化价值、审美娱乐价值、文化产业价值、世界和平发展价值六部分。主要内容包括：强化民族认同、整合思想认识、维护团结统一、激发精神力量、提供历史经验借鉴等方面。

第一节 凝聚整合价值

文化凝聚力量，文化整合思想。国学大师钱穆说："由民族产生出文化，但亦由文化来陶铸了民族。没有中国民族，便没有中国文化；但亦可说没有中国文化，也就没有了此下的中国人。"易中天也指出："我们这个民族，几千年来风风雨雨，饱受战乱、分裂和侵略蹂躏之苦，却一直屹立不倒，一直凝聚不散，就是因为我们有共同的文化。"中华优秀传统文化是中华民族共同的精神家园和文化标识，在民族精神凝聚整合方面始终发挥着重要作用。特别是随着世界多极化、经济全球化深入发展，文化多样化、社会信息化持续推进，各种思想思潮激烈碰撞，各种利益矛盾交织出现，各种危险考验长期存在，尤其需要中华优秀传统文化发挥凝聚整合作用。

一、强化民族认同

民族认同感，是民族成员对自己民族产生的认可和赞同的情感。这一情感既包括对自己民族身份的认可，即对"我属于这个民族"的认可；也包括对自己民族身份的赞同，即对"这个民族很伟大"的赞同。"认可"与"赞同"的情感相互强化，共同组成民族认同感，成为民族产生凝聚力的情感基础。这个基础牢固，民族凝聚力就强大；反之，民族凝聚力就弱小。能够强化民族认同的因素有很多，民族的传统文化无疑是最重要的因素之一。

历史上，中华优秀传统文化是强化中华民族身份认同的最重要因素。中国当代哲学家冯友兰认为："在传统上，中国人与外人即'夷狄'的区别，其意义着重在文化上，不在种族上。""中华"有居天下之中、集天下之美的意思，"中华"和"夷狄"的区别在于文化，"中华民族"内在地含有文化繁荣、文明昌盛之意。《史记·赵世家》中说："中国者，盖聪明徇智之所居也，万物财用之所聚也，贤圣之所教也，仁义之所施也，诗书礼乐之所用也，异敏技能之所试也，远方之所观赴也，蛮夷之所义行也。"这段话很好地说明了，中华民族把优秀文化视为民族身份的标志，视为民族自豪的依据。近代以来，面对西方列强的侵略和欺凌，在中华优秀传统文化的滋养和激励下，中国大地各民族凝聚成强大的中华民族，最终实现了民族的独立和振兴。

当今中国，在世界文化西强东弱的总体形势下，在经济全球化的浪潮中，着眼实现中华民族伟大复兴的宏伟目标，更应该强化全体中华儿女的民族身份认同，从而夯实民族凝聚力的情感基础。中华优秀传统文化是包括56个民族在内的中华民族共同创造的文化成果，是中华民族共同的文化标识，是包括海外华人华侨在内的所有中华儿女的共同精神家园。中国孔子、孟子、老子、庄子等的哲学思想，春节、清明、端午、中秋等传统节日，汉服、唐装、旗袍等传统服饰，长城、故宫、兵马俑等历史古迹，屈原、岳飞、文天祥等忠臣良将，李白、杜甫、苏轼等古典诗人，《红楼梦》《三国演义》《水浒传》《西游记》等古典小说，都是中华民族的文化标识，都是产生和强化共同身份认同的文化符号。传承和弘扬中华优秀传统文化，就是对我们民族文化标识的反复强调和不断确认，就是对中华儿女民族身份的反复强调和不断确认，可以极大增强中华儿女的民族认同感。

二、整合思想认识

改革开放以来，在解放思想的大背景下，中国社会思想活跃，出现了思想思潮多元化的趋势。学者马立诚认为，中国产生了许多社会思潮，其中有八种社会思潮影响巨大，它们是"中国特色社会主义思想、老左派思潮、新左派思潮、民主社会主义思潮、自由主义思潮、民族主义思潮、民粹主义思潮、新儒家思潮"。这八种社会思潮，针对中国社会转型过程中产生的各种问题、矛盾和冲突，分别提出了解决思路和方案。"打个比方说，这八种思潮，犹如八种药方。"

存在这些大的社会思潮的同时，社会各个阶层，甚至每个人由于利益诉求不同，在国家治理、社会建设利益分配等诸多方面存在着思想认识上的分歧。学术上的"百家争鸣"和社会思想的生动活泼是好的现象，但社会思想认识过于分裂，反而成为社会进步的思想障碍。特别是有些思潮和思想，严重背离中国特色社会主义道路和现代文明，其危害性不容小觑。中华优秀传统文化是中华民族共有的精神家园，在这个精神家园里，我们的社会理想、发展理念、价值观念、思维方式、审美品位、心理习惯等有着很大的相似性和一致性，这恰恰可以成为我们整合思想认识的重要基础。

例如，在社会理想方面，世界上很多民族都提出过自己的"理想国"，社会上每个人也都有自己的理想社会。为了提出一个科学而美好的社会理想，凝聚最广大人民的思想共识，改革开放之初，邓小平从中华优秀传统文化中提炼出"小康"这一概念，把"小康社会"作为全党全国各族人民共同奋斗的目标。"小康"是中华民族古已有之、中华儿女非常熟悉的概念，《诗经》中说："民亦劳止，汔可小康。"《礼记》中也提出了"小康"的概念，与"大同"相对应。中国特色社会主义理论内的"小康"自然与中国历史上的"小康"含义不同，但事实证明，这一富有传统色彩的概念，有效地整合了人们在社会理想上的不同认识，引起了人民群众强烈的思想共鸣。

习近平指出："中国梦是一种形象的表达，是一个最大公约数，是一种为群众易于接受的表述。""中国梦"这一概念让人很容易联想到"文景之治""贞观之治""开元盛世"和"康乾盛世"等历史上的繁荣时期，因此一经提出就引起广泛共鸣，起到了整合思想认识、凝聚思想共识的巨大作用。目前，"中华民族伟大复兴的中国梦"的概念已经深入人心，成为中华儿女广泛认同的奋斗目标。

中华优秀传统文化具有整合思想认识的价值，但不是说要用它取消或取代其他思想认识。而是它博大精深的思想内容、包容创新的优秀品质，能够引起广泛的思想共鸣，整合思想共识，汇聚智慧力量，从而减少发展的思想阻力，增强发展的精神动力。

三、维护团结统一

维护民族团结统一，既是实现中华民族伟大复兴的应有之义，也是实现这一伟大梦想的必要条件。实现中华民族伟大复兴必须凝聚中国力量，这个力量就是全国各族人民大团结的力量。我国是一个有着14亿人口、56个民族的大国，只要保持团结统一、万众一心，再强的敌人也能战胜，再大的困难也能克服，再伟大的梦想也能实现。维护中华民族的团结统一，可以充分发挥中华优秀传统文化这个天然的坚强的文化纽带作用。

史学名著《全球通史》曾提出一个值得深思的问题："中国为什么会拥有世界上最古老、连续不断的文明？"究其原因，中华优秀传统文化是维"合"促"合"的强大精神力量，是维护团结统一的坚强精神纽带。

一方面，中华优秀传统文化中有着根深蒂固的"大一统"思想。从"溥天之下，莫非王土"（《诗经·小雅·北山之什·北山》），到"何言乎王正月？大一统也"（《春王正月》），再到"天下车同轨，书同文，行同伦"（《礼记·中庸》），"大一统"的思想在中华民族历史上确立早、扎根深、影响远，反对分裂、维护统一的意识深深积淀在中华民族的文化心理之中。冯友兰指出："秦朝统一以后的两千多年，中国人一直在一个天下一个政府之下生活，只有若干短暂的时期是例外，大家都认为这些例外不是正常情况。"中国人在内心深处认为国家统一是正常的，而认为国家分裂是不正常的，团结统一的思想是根深蒂固的，这就从思想深处维护和促进了民族的团结统一。

另一方面，中华优秀传统文化是促进各民族、各区域融为一体的文化熔炉。考古学研究表明，中华大地上最早散布着满天星斗般的文化区域和原始部族。在不断冲突和融合中，华夏文化逐渐成为主体，并显示出强大的包容性和先进性。随着其文化影响力的增强和辐射范围的扩大，各区域文化逐渐融合成中华文化，各少数民族逐渐融合成中华民族。中华优秀传统文化，特别是其中优秀的语言文字、文学艺术、思想理念、伦理道德、节日风俗、饮食服饰等，如同一个巨大的文化熔炉，各民族、各区域在其中交流融合，形成了民族多元一体、文化多样和谐的统一整体。

四、激发精神力量

党的十九大报告指出："中华民族伟大复兴，绝不是轻轻松松、敲锣打鼓就能实现的。"实现中华民族伟大复兴的中国梦，推动经济社会持续发展，克服各种困难，战胜各种挑战，需要我们不断激发强大的精神力量。从盘古开天地的远古传说，到抵御西方列强的近代壮举，中华优秀传统文化积累了十分丰富的精神宝藏。传承和弘扬中华优秀传统文化，能够不断激励中华儿女继续前进，凝聚起同心共筑中国梦的磅礴力量。

（一）自强不息精神

"自强不息"出于《易经》："天行健，君子以自强不息。"古人认为，天上的星辰日夜运行不息，君子效法上天，也应自强不止。从历史上看，中华民族曾长期屹立世界民族之林的前列，中华文明曾长期占据人类文明的高峰，这与中华优秀传统文化中的自强不息精神是紧密相关的。

（二）居安思危精神

中华民族自古以来就对国家的兴衰安危有着清醒的忧患意识。孔子说："人无远虑，必有近忧。"（《论语·卫灵公》）孟子说："生于忧患，死于安乐。"（《孟子·告子下》）《司马法·仁本》说："国虽大，好战必亡；天下虽安，忘战必危。"欧阳修说："忧劳可以兴国，逸豫可以亡身。"（《新五代史·伶官传序》）这些都表现了中华儿女对国家的强烈忧患意识。易中天认为："忧患是我们民族文化的底色。"正因为中华民族有忧患意识，才能够经常保持清醒，才能保持自强不息的精神状态，才能长盛不衰。

（三）勇于担当精神

在中国古代，"修身""齐家""治国""平天下"是读书人的人生追求和最高理想。在中国历史上，出现了很多具有担当精神的英雄，他们勇于担当起人民、民族和国家的责任。鲁迅说："我们从古以来，就有埋头苦干的人，有拼命硬干的人，有为民请命的人，有舍身求法的人……这就是中国的脊梁。"从大禹治水"八年于外，三过其门而不入"（《孟子·滕文公上》），到孟子"如欲平治天下，当今之世，舍我其谁也"（《孟子·公孙丑下》），再到林则徐虎门销烟的壮举，勇于担当的精神始终是中华民族的重要精神品质。正是有了这种担当精神，中华儿女才会在国家太平时居安思危，在国家危难时挺身而出，在危险面前毫不退缩，在艰难前面敢于向前，前赴后继，勇敢担起国家和民族的重担。

（四）开拓创新精神

"苟日新，日日新，又日新。"（《礼记·大学》）几千年来，中华民族生生不息、发展壮大的历史，就是一部不断开拓创新的辉煌史。思想上诸子百家竞相争鸣，文学上唐诗、宋词、元曲、明清小说接续发展，科技上四大发明相继出现，外交上张骞开通西域、郑和七下西洋，等等，这些都表现了中华民族的开拓创新精神。中国历史上，先后出现了商鞅变法、胡服骑射、北魏孝文帝汉化改革、王安石变法、张居正改革等变法维新，表现出中华民族强烈的开拓创新精神。近代以来，面对西方强势文明，中华民族发扬开拓创新精神，喊出了"穷则变，变则通，通则久"的口号，敢于变革陈旧落后的思想，敢于抛弃不合时宜的观念，以"天命不足畏，天道不足惧，祖宗不足法"的变革求新精神，从器物、制度、文化等方面进行了全方位的变革，终于再一次使中华民族凤凰涅槃般地屹立于世界民族之林。

上述这些中华优秀传统文化中的优秀精神，是中华民族几千年来始终能保持旺盛活力的精神之源。当前，实现中华民族伟大复兴的中国梦，全面建成社会主义现代化强国，仍需用中华优秀传统文化中的这些精神宝藏激发中华儿女自强不息、居安思危、勇于担当和开拓创新的精神。

第二节　借鉴启发价值

习近平指出："要治理好今天的中国，需要对我国历史和传统文化有深入了解，也需要对我国古代治国理政的探索和智慧进行积极总结。"中国历史悠久，积累了丰富的历史经验，形成了鲜明的发展理念，产生了深刻的治国理政智慧，这其中的优秀部分至今仍具有巨大价值，能够为今天中国的发展提供有益的借鉴。

一、历史经验、教训的借鉴、汲取

"以史为镜，可以知兴替。"（《旧唐书·魏征传》）古今中外的政治家和思想家都非常重视从历史中汲取治国理政的经验教训。马克思、恩格斯说："我们仅仅知道一门唯一的科学，即历史科学。"鲁迅也曾指出："历史上都写着中国的灵魂，指示着将来的命运。"中华民族历史悠久，在漫长的历史进程中，积累了丰富的历史经验教训，可资当代借鉴。

（一）借鉴成功经验

中国历史上创造过很多值得称道的盛世，如汉朝的"文景之治""汉武盛世"，唐朝的"贞观之治""开元盛世"，明朝的"永乐盛世""仁宣之治"，清朝的"康乾盛世"等。这些时代，国家能够保持长期的社会稳定、政治清明、经济发展、百姓安居、民族和谐、文化繁荣，因此成为后世借鉴成功经验的典范。以"贞观之治"为例，《贞观政要》记载，当时社会"商旅野次，无复盗贼，囹圄常空。马牛布野，外户不闭。又频致丰稔，米斗三四钱"（《贞观政要·卷一·论政体》）。"贞观之治"的成功经验主要有以下几点：一是以民为本，致力治国安邦。民安则国安，民富则国富，民强则国强，以民为本就抓住了治国安邦的关键，找到了富国强军的捷径。二是任贤纳谏，共图天下大治。历史学家范文澜指出："纳谏和用人是唐太宗取得政治成就的两个主要原因。"

三是修德遵法，促成安定和谐。修德和遵法是贞观年间社会治理层面的两种重要理念，如车之两轮、鸟之双翼，相互配合，相得益彰，共同促成了贞观年间社会安定和谐的局面。四是崇文尚学，推动持续发展。唐初摒弃了魏晋南北朝只重门第的选官制度，把学业优秀作为选人用人的主要标准，建立优待学子和重视学习的国家制度，还组织编写国家标准教材，从而为国家长治久安奠定了文化基础。实际上，历史上的这些盛世，其成功经验是类似的，这些成功经验对于今天的治国理政依然有着重要的借鉴价值。

（二）汲取失败教训

成功经验固然值得借鉴，失败教训更是值得汲取。恩格斯深刻指出："要获取明确的理论认识，最好的道路是从本身的错误中学习，吃一堑，长一智。"纵观中国历史，有些朝代"其兴也勃焉，其亡也忽焉"，比如秦、隋；有些朝代盛世之后逐渐衰弱，比如汉、唐；有些朝代文武失衡，比如宋代；有些朝代闭关自守，比如明、清。总的来说，他们的失败有某些共性的教训，尤其值得后世引以为戒。

其一，国家繁重的赋税徭役导致民不聊生。秦朝建立后修筑长城、阿房宫、骊山陵寝，大量征调戍卒守边，结果导致陈胜、吴广揭竿而起，百姓应者云集。隋炀帝营建东都洛阳，开发大运河，在各地大修宫殿苑囿，三次征伐高丽，造成"天下死于役"的惨象，终于造成民变蜂起。

其二，统治阶层的腐化导致执政能力下降。一个王朝建立之初，其统治阶层往往能够励精图治。而承平已久，统治阶层就逐渐变得腐化堕落，执政能力严重下降，导致国家政治腐败，社会矛盾激化。唐玄宗晚年怠慢朝政、宠信奸臣，统治阶层也腐化堕落，终于导致"安史之乱"。明末万历皇帝、天启皇帝贪图享乐，甚至长期不理朝政，致使明朝民生凋敝、日薄西山。

其三，武备废弛严重而无法抵御外部入侵。清代初期八旗铁骑所向披靡，但长期安逸"忘战"，武备废弛，到了晚清不仅法纪不严、作风不良，而且兵制僵化、武器落后，战斗力很弱，在与西方列强的抗衡中屡战屡败。以上的这些深刻的历史教训依然值得今天借鉴。

二、发展理念启发

中华民族在长期的发展过程中，形成了极具民族特色、极为深刻博大的发展理念，对中华民族的发展壮大产生过极其重要的影响和作用，对于今天的治国理政仍具有重要启发意义。以下几个发展理念，尤其具有启发意义。

（一）"民惟邦本"的理念

"重民本"是中国古代治国理政思想的精华。早在《尚书·五子之歌》中，古人就记载了夏禹"民惟邦本，本固邦宁"的民本思想。总的来看，中国古代民本思想有以下几个层面的内容：其一，把民心向背视为国家兴亡的关键。《左传·庄公·庄公三十二年》中说："国将兴，听于民；将亡，听于神。"《管子·牧民》中也说道："政之所兴在顺民心，政之所废在逆民心。"其二，把造福民众作为国家施政的重点。孔子主张："节用而爱人，使民以时。"（《论语·学而》）孟子主张实行"仁政"，要"省刑罚，薄税敛"，以实现"老者衣帛食肉，黎民不饥不寒"（《孟子·梁惠王上》）的目标。其三，把弱势群体作为国家关照的对象。从《礼记》"鳏寡孤独废疾者皆有所养"（《礼记·礼运》）的社会理想，到孟子对"天下之穷民而无告者"（《孟子·梁惠王下》）的特别关注，再到杜甫"安得广厦千万间，大庇天下寒士俱欢颜"（《茅屋为秋风所破歌》）的人文情怀，无不表现出对社会弱势群体的重点关照。虽然，历史上"重民本"的思想并不总能得到执行和贯彻，"民为贵，社稷次之，君为轻"（《孟子·尽心下》）的主张也往往流于口号，但这一思想毕竟得到了广泛认同，产生了积极影响。今天，我们既要从"民惟邦本"的理念中汲取思想精华，又要有所创新发展，在治国理政实践中坚持以人民为中心的发展思想，多谋民生之利，多解民生之忧，消除贫困现象，实现共同富裕。

（二）"德法合治"的理念

在如何治理国家的问题上，中国古代长期存在"德治"与"法治"之争，这尤其是先秦儒家和法家思想争论的焦点。儒家主张以"德"治国。孔子说："为政以德，譬如北辰，居其所而众星共之。"（《论语·为政》）他还说："道之以政，齐之以刑，民免而无耻；道之以德，齐之以礼，有耻且格。"（《论语·为政》）。孔子认为，在治国问题上，"法"仅能治标，而"德"才能治本，应该把"德"作为治国理政的核心理念。对此，法家持反对态度，主张以"法"治国。韩非子说："国无常强，无常弱。奉法者强则国强，奉法者弱则国弱。"（《韩非子·有度》）他认为国家只有依"法"而治，才能变得强盛，因此主张"明王峭其法而严其刑""不务德而务法"（《韩非子·显学》）。以"德"治国还是以"法"治国的争论在历史上深入而持久，但在历史实践中，"德法合治"实际上成为许多升平之世的治国原则。文景之治、贞观之治都是"霸王道杂之"（《汉书·元帝纪》），既注重"德"治，又注重"法"治，"德"与"法"有效结合。实际上，"德"治和"法"治是辩证统一关系。"夫礼禁未然之前，法施已然之后；法之所为用者易见，而礼之所为禁者难知。"（《史记·太史公自序》）"法"是硬性规定，督促人"不敢做"坏事；"德"是柔性倡导，教化人"不愿做"坏事。没有"德"治，"法"治将难堪重负；没有"法"治，"德"治将失去保障。"德法合治"的理念启示我们，在治国理政中要处理好"法"治与"德"治的关系，既要推进全面依法治国，也应注重道德建设，打牢依法治国的道德基础。

（三）"法古革新"的理念

中国古代，存在"德"与"法"之争的同时，也伴随着"古"与"新"之争。所谓"古"与"新"之争，就是在治国理政上的"法古"与"革新"之争。"法古"者认为："遵先王之法而过者，未之有也。"（《孟子·离娄上》）其主张："利不百，不变法；功不十，不易器。法古无过，循礼无邪。"（《史记·商君列传》）与此相反，"革新"者则认为："圣人不期修古，不法常可，论世之事，因为之备。"（《韩非子·五蠹》）其主张："苟日新，日日新，又日新。"（《礼记·大学》）在历史上，"古"与"新"之争不断发生，商鞅变法、胡服骑射、王安石变法、戊戌变法等历次变法都交织着这两种思想的斗争，深刻影响着历史的走向。商鞅变法、胡服骑射中"革新"理念占了上风，结果使秦国、赵国迅速变成军事强国。王安石变法、戊戌变法中"法古"思想占了上风，结果两次改革都最终失败，北宋王朝和清王朝也积弊难除、积重难返，最终走上王朝覆灭之路。总的来说，在中国历史上"法古"理念总是强于"革新"理念，这一情况一直持续到晚清。实际上，"法古"和"革新"与"古"和"新"一样，也是辩证统一关系。"法古"和"革新"不可偏废，好的传统要继承，坏的传统要革新。近代以来，"法古"派抱残守缺，阻碍了历史发展。而一些激进的"革新"派主张革除一切传统，"全盘西化"，甚至要抛弃汉字，这也不利于历史发展。"法古革新"的理念启示我们，在治国理政中要处理好"法古"与"革新"的关系，既要勇于改革创新，又要坚守优良传统，善于从优良传统中汲取改革创新的智慧和营养。

三、治国理政智慧

中国古代积累了很多治国理政智慧，虽然这些智慧主要是在封建专制制度下形成的，其中一些封建糟粕已经被历史证明具有巨大的危害性，但其中也有很多优秀内容对今天的治国理政具有很大的借鉴启发意义。下面列举三点加以分析。

（一）选人用人智慧

中国古代在选人用人方面积累了很多智慧，主要有以下几点。

1. 把人才视为国家强盛的关键

东汉王充在《论衡》中评论战国人才时说："六国之时，贤才为之臣，入楚楚重，出齐齐轻，为赵赵完，畔魏魏伤。"（《论衡·效力篇》）战国时期，商鞅、苏秦、张仪、范雎、乐毅、李斯等人才的去留，确实很大程度上决定了一国的兴衰。所以，后世历代统治者都非常重视人才的选用。

2. 把制度作为选人用人的方式

在选拔人才的制度上，先秦主要采用"世卿世禄"制度，汉代以后逐渐采用"察举"制，魏晋南北朝采用"九品中正制"，这些制度都有一定的局限性。到了隋唐，开始实行科举制度，唐太宗认为这种制度使"天下英雄入吾彀中矣"（《唐摭言·述进士》），可见它所具有的优势。到了今天，选人用人依然是治国理政的重要内容，上述这些选人用人智慧依然具有借鉴意义。

3. 把"德"和"才"作为选人用人的标准

古代在选人用人时，把"德"和"才"作为重要的选择标准。在乱世，"才"往往是第一标准，比如春秋战国时期的吴起、苏秦、张仪等，都才华出众。在治世，"德"比"才"更受重视，如汉武帝"举贤良方正能直言极谏者"，"贤良""方正""孝廉"等品德成为选拔的首要标准。北宋司马光主张："取士之道，当以德行为先。"（《续资治通鉴·宋纪七十九》）当然，选人用人的最高标准是"德才兼备"，唐代魏征就主张："才行俱兼，始可任用。"（《贞观政要·卷三·论择官》）

（二）反腐倡廉智慧

我国古代积累了优秀的廉政文化，既有提倡廉洁的优秀思想，也有惩治贪腐的实践经验，是我们今天推进反腐倡廉建设的宝贵资源。一方面，注重廉政理念灌输。中国古代廉政理念内容丰富，主要有以下几点。

1. 公而不私

《礼记·礼运》中说："大道之行也，天下为公，选贤与能，讲信修睦。故人不独亲其亲，不独子其子。"其强调为官从政要有公心，要爱民惠民。

2. 正而不偏

孔子说："其身正，不令而行；其身不正，虽令不从。"（《论语·子路》）为官者只有从自身做起，才能以上率下、政令畅通。

3. 清而不浊

《广雅》中说："廉，清也。"清清白白做官，是廉政的题中应有之义。

4. 俭而不奢

《左传》中说："俭，德之共也；侈，恶之大也。"（《左传·庄公·庄公二十四年》）生活奢侈的官员，很难做到廉洁从政。通过上述廉政理念的灌输，能够一定程度上防止腐败。

另一方面，建立反腐促廉机制。为了实现廉政，中国古人还设计了一套行之有效的制度。据《周礼》记载，中国早在周代便设有治贪促廉的监察官，秦汉以来历朝历代都设有相应的监察机构，形成了较为完备的监察制度。这些监察机构独立性强、地位崇高、权力巨大，虽有很大局限，但一定程度上对各级官员形成了震慑，减少了贪腐行为，促进了政治清明。当前，我国反腐倡廉取得很大成就，但反腐形势依然严峻。借鉴古代反腐倡廉智慧，有利于筑牢拒腐防变的思想道德防线，加强反腐倡廉制度建设，提高拒腐防变能力。

（三）为官从政智慧

中国历史上积累了很多为官从政的智慧，其中也不乏对今天有启发意义的智慧。

1. 修身为本

儒家经典《大学》强调："物格而后知至，知至而后意诚，意诚而后心正，心正而后身修，身修而后家齐，家齐而后国治，国治而后天下平。""格物""致知""诚意""正心"这些都属于"修身"范畴，它们是"齐家""治国""平天下"的基础。"自天子以至于庶人，壹是皆以修身为本。"（《礼记·大学》）"修身"包括知识的学习、才能的修炼，更重要的是道德的修炼。

2. 忠于职守

孔子说："陈力就列，不能者止。"（《论语·季氏》）又说："不在其位，不谋其政。"（《论语·泰伯》）这就是强调为官从政要忠于职守，既不能"缺位"，也不能"越位"。汉文帝时期丞相陈平"不知钱谷之数"，受到后世赞赏；蜀汉丞相诸葛亮事无巨细、亲力亲为，受到后世訾议。原因就是陈平能够忠于职守不"越位"，而诸葛亮则"越位"太多。

3. 谦虚谨慎

"一命而偻，再命而伛，三命而俯，循墙而走，亦莫余敢侮。"（《左传·昭公·昭公七年》）这段话赞赏正考父虽然官职步步上升，但态度愈加谦虚谨慎。

老子说："知足不辱，知止不殆，可以长久。"（《道德经》第四十四章）历史上很多为官从政者因谦虚谨慎而善始善终，因骄奢淫逸而身败名裂。中国古代为官从政的智慧内容非常丰富，上面仅列举了几个要点。这些智慧所体现出的正能量，与现代政治文明的要求并不违背，具有永恒的借鉴价值。

第三节　德育教化价值

改革开放以来，我国在物质文明和精神文明建设方面都取得了巨大成就。但相比而言，精神文明建设相对滞后。"一些领域存在道德失范、诚信缺失现象。"邓小平指出："不加强精神文明的建设，物质文明的建设也要受破坏，走弯路。光靠物质条件，我们的革命和建设都不能胜利。"加强精神文明建设，提高全民族道德素质，在全社会培育和践行社会主义核心价值观，是一项重要而紧迫的任务。中华民族历史上形成了许多宝贵的德育教化资源，积累了丰富的道德教化经验，在今天依然能够发挥巨大价值。

一、提供德育教化资源

中国传统德育教化资源是中华优秀传统文化的重要组成部分，它既包括中华传统美德提倡的道德规范，也包括践行这些道德规范的道德典范。

（一）中华传统美德

中华民族是一个崇尚道德的民族，伦理道德在传统文化中占据至高无上地位。《左传》提出了"三不朽"说，即"太上有立德，其次有立功，其次有立言，虽久不废，此谓三不朽"（《左传·襄公·襄公二十四年》），把"立德"放在"三不朽"的首位。孔子提出，"为政以德，譬如北辰，居其所而众星共之"（《论语·为政》），把"德"放在"为政"的中心位置。孟子认为"人之有道也，饱食、暖衣、逸居而无教，则近于禽兽"（《孟子·滕文公上》），把道德教化视为人与动物的根本区别。正因为如此重视道德，所以中国古人提出和形成了内容丰富、体系完备的道德规范。如儒家提出的仁、义、忠、诚、孝、悌、慈、敬等。这些传统道德规范中虽然有很多糟粕，但主流是中华民族的传统美德。这些传统美德是中华优秀传统文化的精髓，有着深远的历史积淀和深厚的民意基础，是中国老百姓几千年来认可、赞同、习惯了的道德规范，因此它们在古代曾发挥过重要作用。当前，我们倡导社会主义核心价值观，从某种程度上说它是对中华传统美德的当代升华，是传统美德与时代精神的有机结合。

因此，我们在培育和践行社会主义核心价值观的过程中，要注重用中华传统美德滋润心灵、教化大众。

（二）传统道德典范

孔子说："见贤思齐焉，见不贤而内自省也。"（《论语·里仁》）榜样的力量是无穷的。我国历来重视榜样教育，把一些道德典范作为"见贤思齐"的榜样，培养人的品格，引导人的行为。中国古代经典《三字经》善于用道德典范进行道德教育，把"香九龄，能温席""融四岁，能让梨""如囊萤，如映雪"等优秀榜样或优秀事迹作为儿童效仿学习的对象。《二十四孝》用二十四个孝子的孝亲故事，培育孩子的孝心孝行，这些孝子也成为古代人民群众耳熟能详、赞扬学习的道德模范。用今天的道德标准来衡量，中国古代许多"忠臣""孝子""烈女"已经失去了作为榜样的价值。但在中国历史上，仍有许多践行中华传统美德的典范，他们的高尚人格和崇高行为具有永不褪色的价值。以"爱国"为例，屈原、霍去病、苏武、花木兰、范仲淹、岳飞、文天祥、于谦、袁崇焕、林则徐、邓世昌等，他们的爱国精神和爱国事迹依然可以成为今天爱国主义教育的优秀榜样。在道德榜样的高尚人格和事迹中，什么是真善美，什么是假恶丑；什么值得肯定赞扬，什么需要反对否定；什么应该做，应该怎样做，什么不该做，都生动具体地显现出来。习近平指出："榜样的力量是无穷的。大家要把他们立为心中的标杆，向他们看齐，像他们那样追求美好的思想品德。"有了这些榜样，社会主义核心价值观就由抽象枯燥变得生动具体，就容易在"润物细无声"中内化于心，外化于行。

二、提供德育教化经验

中华民族自古以来就非常重视道德教育。早在夏商周三代政府就开设了"校""序""庠"等官方教育机构，进行知识教育和道德教育。春秋战国时期，孔子主张"有教无类"（《论语·卫灵公》），对人民既要"富之"，更要"教之"。孟子也主张统治者在解决了人民的温饱问题之后，进行道德教育，"谨庠序之教，申之以孝悌之义"（《孟子·梁惠王上》）。秦汉以来，历朝历代虽然主张的道德内容不同，但都重视道德教育，视德教为立国之本。几千年来，中华民族积累了非常丰富的德教理论和实践经验，探索了许多行之有效的德教方法，对于今天的道德建设具有很好的启发意义。

中国传统德教具有鲜明特色，以下几种德教方法值得今天借鉴。

一是循序渐进的方法。中国古人已经认识到，人的道德教育是一个循序渐进的过程，不能一蹴而就。古人注重道德教育的阶段性和连续性，儿童道德教育从简单的《三字经》《弟子规》开始，随着年龄的增长逐渐转入"四书""五经"的道德教育，有一个循序渐进、逐渐深入的过程。鲁迅在《从百草园到三味书屋》一文中回忆童年教育时说："我就只读书，正午习字，晚上对课。先生最初这几天对我很严厉，后来却好起来了，不过给我读的书渐渐加多，对课也渐渐地加上字去，从三言到五言，终于到七言。"这段回忆，生动形象地描述了中国古代循序渐进的教育方法。

二是循循善诱的方法。《论语·子罕》中说："夫子循循然善诱人，博我以文，约我以礼。"循循善诱的教育方法不仅注重教育的次序，更注重教育的效果。"善诱"强调教育的启发性和趣味性，用深入浅出、寓教于乐的教育方法，把枯燥深奥的道德规范变成受教育者爱学乐学的生动内容。

三是家庭教育的方法。中国古人非常重视家庭教育，把家教作为道德教育的重要手段。中国古代留下了许多家训，著名的有诸葛亮的《诫子书》、颜之推的《颜氏家训》、司马光的《温公家范》、朱柏庐的《朱子家训》、曾国藩的《家书》等，对中国古代的家庭教育影响很大。在家庭教育下，形成良好的家风，这既是家庭教育的结果，也是家庭教育的环境。习近平指出："注重家庭、注重家教、注重家风，紧密结合培育和弘扬社会主义核心价值观，发扬光大中华民族传统家庭美德，促进家庭和睦。"中国传统家庭美德和家庭教育方法，值得今天人们学习借鉴。

中国今天的教育出现了一些不好的倾向，如注重知识教育而轻视道德教育，注重道德灌输而轻视柔性教化，注重学校教育而轻视家庭社会教育等。这些偏差造成了诸如学历高而道德低、能力强而道德弱的扭曲现象。中国传统道德教育中形成的注重循序渐进、循循善诱、家训家风的教育方法，是古人在长期教育实践中探索出来的行之有效的方法，能给我们今天的道德教育以有益启发。

第四节　审美娱乐价值

在中华优秀传统文化中，传统文学艺术作品不仅数量大，而且质量高，是中华民族的文学瑰宝。从内容上说，传统文艺不仅包括古代诗歌、散文、小说、戏剧等文学作品和绘画、书法、建筑、雕刻、音乐等艺术作品，还包括历史、哲学等方面的作品。《左传》《史记》等历史著作，《孟子》《庄子》等哲学著作，都具有很强的艺术性。孔子说："《诗》可以兴，可以观，可以群，可以怨；迩之事父，远之事君；多识于鸟兽草木之名。"（《论语·阳货》）文学艺术具有认识功能、教育功能、补偿功能、交际功能等多重功能，但最根本、最主要的还是审美娱乐功能。文艺作品的审美娱乐价值，既包括直接的丰富精神生活的价值，也包括间接的提升精神品格的价值。中国传统文学艺术，对于今天依然具有这两个方面的巨大价值。

一、丰富精神生活

人类的生活包括物质生活和精神生活，人类的需要也包括物质需要和精神需要。人要满足衣食住行等生理需要，必须创造和消费物质财富。同样，人要满足精神需要，也必须创造和消费精神财富。文学艺术可能是人类最早产生、最为重要的精神财富种类之一，它通过特有的美感满足人类的精神需要，丰富人类的精神生活。鲁迅认为："由纯文学上言之，则以一切美术之本质，皆在使观听之人，为之兴感怡悦。"中国传统文学艺术，因其独特的艺术魅力，能够使人"兴感怡悦"，能够丰富人们的精神生活。今天，它依然可以通过娱乐、补偿、纾解等审美方式，缓解人们精神上的空虚、缺憾、郁闷等负面情绪，从而丰富我们的精神生活。

（一）娱乐

艺术最直接的功能就是娱乐功能，任何艺术（包括严肃的艺术）都可以愉悦人的精神世界。艺术之所以具有娱乐功能，是因为艺术的产生与游戏有着密切关系。美学家朱光潜认为："艺术的雏形就是游戏。"艺术发源于游戏，人们创造艺术的最初目的就是愉悦精神。中国传统的文学、音乐、舞蹈等作品，具有很强的娱乐成分。《论语·述而》记载："子在齐闻《韶》，三月不知肉味，曰：不图为乐之至于斯也。"音乐给孔子带来了极大的精神愉悦。据记载，宋代文人苏舜钦每次阅读《汉书》就非常愉悦，留下了"《汉书》下酒"的美谈，这里也可以看出中国历史著作中蕴藏了无穷趣味。中国传统的文艺作品，如唐诗宋词元曲等诗歌，四大名著等小说，《史记》《汉书》等历史著作，《庄子》《孟子》等哲学著作，对于今天依然具有很强的娱乐价值。

（二）补偿

人类的生活经常受到各种局限，如时间局限、空间局限、情感局限、地位局限等。因为这些局限，人的生活是不完美、有缺憾的。这种缺憾可以通过文艺得到一定程度的补偿。中国传统文学艺术能够丰富人的精神生活，其中一个重要表现就是它可以在一定程度上补偿人的这些缺憾。例如，针对人的时间局限，传统文艺中有大量表现历史事件、历史人物和历史生活的作品，它们"通古今之变"，人们可以从中找到回归历史的感觉。针对人的空间局限，传统文艺中有大量描绘中国名山大川的作品，它们纵横万里，使人有身临其境之感；针对人的情感局限，传统文艺中有大量表现人喜怒哀乐、爱恨情仇的作品，人们可以在这些作品中体会到各种情感，从而得到精神的慰藉；针对人的地位局限，传统文艺中描写了各种人的人生，人们可以从中体会各种人的生活苦乐。所以，中国传统文艺在今天依然具有很强的补偿价值。

（三）纾解

文艺除了愉悦人的精神、补偿人的缺憾之外，还可以纾解人的郁闷。人在生活中会遇到各种各样的曲折坎坷，会积累诸如阴郁、苦闷、焦虑等情绪，这些情绪可以在欣赏文艺作品的过程中得到纾解。唐代诗人白居易在《琵琶行》中记载，他谪居期间欣赏了一曲琵琶，从而得到了精神上的纾解。他在诗中写道："凄凄不似向前声，满座重闻皆掩泣。座中泣下谁最多？江州司马青衫湿。"诗人的郁闷情绪，在欣赏琵琶曲的过程中，乃至泪湿青衫之后，得到了一定程度的纾解。宋代欧阳修在《送杨寘序》中记载："予尝有幽忧之疾，退而闲居，不能治也。既而学琴于友人孙道滋，受宫声数引，久而乐之，不知其疾之在体也。"这也是通过欣赏文艺作品而纾解"幽忧之疾"的例证。中国传统文艺作品内容丰富、情感充沛，很多都可以作为纾解郁闷情绪的精神良药。

二、提升精神品格

艺术的审美价值，除直接丰富人的精神生活外，还可以提升人的精神品格。鲁迅认为，艺术可以"美善吾人之性情，崇大吾人之思想"。朱光潜说："凡是第一流的艺术作品大半没有道德目的而有道德影响，《荷马史诗》、希腊悲剧以及中国第一流的抒情诗都可以为证。它们或是安慰情感，或是启发性灵，或是洗涤胸襟，或是表现对于人生的深广关照。一个人在真正欣赏过它们以后，与在未读它们以前，思想气质不能是完全一样的。"朱光潜所说的"思想气质"发生的变化，就是人精神品格的提升。中国传统文艺作品，特别是朱光潜所说的"第一流的艺术作品"，可以净化人的心灵，陶冶人的情操，提高人的品位，从而提升人的精神品格。

（一）净化心灵

人的心灵里不仅有真善美，也有假恶丑，艺术具有净化心灵的功能。亚里士多德认为，悲剧"通过引发怜悯和恐惧使这些情感得到疏泄"。"疏泄"又译为"净化"，因此悲剧的这种功能被称为"净化"功能。艺术的作用犹如以水洗物，可以通过审美活动洗涤心灵上的狭隘、自私、虚荣、骄傲、仇恨、怯懦、贪婪、暴戾、嫉妒等肮脏的东西。中国传统文艺自然也具有这种功能，可以净化人的心灵。比如，我们可以从孟子"富贵不能淫，贫贱不能移，威武不能屈"的高洁中，净化心灵中的贪婪；从杜甫"安得广厦千万间，大庇天下寒士俱欢颜"的博爱中，净化心灵中的自私；从文天祥"人生自古谁无死，留取丹心照汗青"的义勇中，净化心灵中的怯懦。中国传统文艺蕴含着高洁、仁爱、义勇、忠诚、执着等正能量，可以起到净化心灵的作用。

（二）陶冶情操

艺术在净化心灵的基础上，又具有陶冶情操的功能。它通过艺术美对人的刺激，如烧制陶器、冶炼金属一般，激发人的某种情感，使人具有相应的操守。中国传统文艺强调"文以载道"，主张用艺术承载道义，达到思想性与艺术性的有机结合。这样的文艺作品，自然具有陶冶情操的功能。人们欣赏传统文艺的过程，也是陶冶情操的过程。以阅读传统文学作品为例，阅读苏轼的诗词文赋，我们会被他乐观豁达的性格打动，从而陶冶追求旷达的情操；阅读《红楼梦》，我们会被林黛玉、贾宝玉之间的纯美爱情感染，从而陶冶追求真爱的情操；阅读《水浒传》，我们会被鲁达、武松等好汉的侠义之举打动，从而陶冶追求正义的情操。这就是传统文艺陶冶情操的价值。

（三）提高品位

艺术的审美功能，还体现在提高人的品位上。中国传统文艺具有这样的功能。

首先，欣赏传统文艺可以提高人的审美品位。中国传统文艺作品数量多、质量高，我们欣赏这些作品，可以提高审美品位，提升审美素养。欣赏传统文艺作品，对于文艺创造者来说，可以提高创造美的能力，从而创造出更好的作品；对于文艺欣赏者来说，可以提高欣赏美的能力，从而获得更多的审美体验。

其次，欣赏传统文艺可以提高人的精神品位。在欣赏传统文艺作品的过程中，人们欣赏美、辨别美的能力提高的同时，精神品位也会提高。例如，阅读《红楼梦》，一个人的审美品位会得到提升，同时其性情也可能会受到感染，从粗俗而变得雅致，从野蛮而变得文明，从卑鄙而变得高尚，从而其精神品位得到提高。

第五节　文化产业价值

随着知识和科技对经济社会发展的影响日益深入，文化与经济出现加快融合的趋势，文化产业作为一个向阳产业蓬勃发展。21世纪以来，世界上主要大国都非常重视文化产业的发展，文化产业已成为国家间竞争的新领域。与世界文化产业强国相比，我国文化产业处于落后地位。近年来，我国非常重视文化产业发展，党的十八大报告提出了"文化产业成为国民经济支柱性产业"的发展目标，《中华人民共和国国民经济和社会发展第十三个五年规划纲要》做出了"加快发展现代文化产业"的规划部署，党的十九大报告再次强调要"推动文化事业和文化产业发展"。中华优秀传统文化博大精深，与文化产业相辅相成、相得益彰。一方面，文化产业的发展有利于中华优秀传统文化的传承和弘扬；另一方面，中华优秀传统文化的优秀资源对于文化产业的发展也具有重要价值。

一、为文化生产提供丰富的文化资源

文化产业的发展，离不开优秀的文化资源。在文化资源中，历史文化资源是极为重要的资源。一些历史悠久的欧洲国家，如英国、法国、意大利等，其历史文化资源在其文化产业中都占有十分重要的地位。中国作为历史文化悠久的大国，历史文化资源非常丰富，这是我国文化产业发展所具有的得天独厚的优越条件。我国有丰富的历史文化资源，以下文化产业能够提供优秀的文化资源。

（一）影视业

有数据显示，2019年全国电影总票房达642.66亿元，同比增长5.4%。在热播的电影和电视剧中，历史文化题材的作品占据很大比重。事实上，中华优秀传统文化中的丰富内容，如著名历史事件和历史人物、元杂剧、明清小说和戏剧、民间故事传说等，都可以成为影视业的优秀素材。近年来，历史题材的电视剧和以传统文化为素材的《舌尖上的中国》《故宫》等节目，都取得了很好的经济效益和社会效益。

（二）文化旅游业

随着人们生活水平的提高和文化层次的提升，文化旅游在旅游业中的地位越来越重要。中国丰富的历史文化资源，可以给文化旅游产业提供重要支撑。截至2019年，中国世界遗产数达到55处，位居世界第一，这其中包括长城、故宫、颐和园、敦煌莫高窟、秦始皇陵及兵马俑坑、布达拉宫、龙门石窟、云冈石窟、丽江古城、丝绸之路、中国大运河等世界知名文化遗产。除了这些世界级的文化遗产，中国各地历史遗迹、历史古迹更是数不胜数。这些文化遗产如果得到充分发掘利用，必将大大促进文化旅游业的发展。

（三）新闻出版业

近几年，我国新闻出版产业营收总体呈增长态势，其中数字出版业增长尤其迅速。中华优秀传统文化的丰富资源，可以为新闻出版产业提供源源不断的优秀素材。另外，对于动画、游戏、教育培训等文化产业，中华优秀传统文化可以提供大量文化资源。

中国虽然是历史文化资源大国，但开发和利用还非常不足。更有中国传统历史文化资源被其他国家利用的情况，如《西游记》《水浒传》《三国志》等中国古典名著被日本游戏公司抢注为游戏商标，源于中国端午节的韩国"江陵端午祭"申遗成功等。这些现象充分说明了中华优秀传统文化完全可以成为文化产业的优秀资源，同时也提醒我们要重视中华优秀传统文化在文化产业发展中的重要地位。

二、为文化消费拓展强大的市场需求

文化产业的发展与消费者的文化需求数量和需求层次密切相关。一般来说，影响文化需求的因素包括消费者收入、消费者喜好、文化产品质量等几个方面。随着人们收入水平的提高，文化产品的消费占比将逐渐加大，文化消费总量也将大幅提升。与此同时，我国消费者受教育程度越来越高，这也将提升文化消费的层次。中华优秀传统文化不仅能够为文化产品的生产提供丰富的文化资源，而且可以为文化产品的消费拓展出强大的市场需求。

（一）提升文化产品的市场需求

20世纪80年代以来，"传统文化热""国学热"持续升温，中华优秀传统文化与文化产业交融日益紧密，这极大提升了消费者对文化产品的需求。

1. 提升文化产品的质量

"问渠那得清如许，为有源头活水来。"中华优秀传统文化为文化产业提供了大量优质资源，直接提升了文化产品的质量，从而提升了文化产品在消费者心中的形象。比如由古典小说改编成的影视作品，成为文化产业中的精品，大大提升了文化产品的形象。

2.刺激消费者的文化需求

改革开放以来，我国民众受教育程度逐渐提升，特别是中华优秀传统文化教育持续加强，激起了民众对文化产品的兴趣，这就大大刺激了消费者对文化产品的需求。

3.提高消费者的文化品位

中华优秀传统文化数量大、质量高，人们在传承和弘扬中华优秀传统文化的过程中提升了文化素养，提高了欣赏文化产品的能力，从而提高了对文化产品的需求。事实表明，中华优秀传统文化作为文化产品的重要元素，促进了文化市场的繁荣。

（二）拓展中国文化产业的世界市场

有学者曾指出我国文化产业发展中的一个尴尬现象："越来越多的中国企业挺进世界五百强，我们的文化企业却拿不出一个名扬世界的品牌；当美国大片、日本动漫、韩国电视剧攻占中国市场时，我们的文化产品走出去却始终步履维艰。"这一尴尬现象说明了我国文化产业在世界上的弱势地位。产生这一现象的原因是中国文化产品数量多、质量不高，无法赢得世界其他国家消费者的青睐。改变这一尴尬现象，必须提高文化产品质量，改善文化产品形象。以电影为例，荣获第73届奥斯卡最佳外语片奖的中国古装电影《卧虎藏龙》，以中国元素为主要题材的好莱坞动画片《花木兰》和《功夫熊猫》系列，一定程度上为中华文化赢得了声誉，也为中国文化产业拓展了市场。推动中华优秀传统文化走出国门，走向世界，让世界人民体会到中华优秀传统文化的独特魅力和迷人风采，将提升中国文化产品在世界上的影响力和吸引力，为中国文化产业拓展出广阔的世界市场。

第六节　世界和平发展价值

中华优秀传统文化既属于中国，也属于世界；既具有中国价值，也具有世界价值。一方面，当今世界人类面临许多突出难题，经济增长乏力、地区发展不均、局部战争不断、恐怖主义肆虐、生态环境恶化等问题严重威胁着世界的和平与发展，中华优秀传统文化有助于这些问题的解决。另一方面，中华优秀传统文化富有民族特色，具有无穷魅力，是人类文化的优秀部分，能给世界其他国家的人民带来精神的享受。

一、以和为贵的发展理念

在如何实现发展的问题上，世界历史上曾产生过两种相反的发展理念："争"的发展理念与"和"的发展理念。历史上，许多国家和民族通过"争"的方式实现富强，特别是 15 世纪以来，一些西方国家通过掠夺、战争的方式谋求国家发展，给人类带来了深重灾难，中国也曾深受其害。当今世界，局部战争不断，地区冲突频发，世界大战的危险仍在，其根源是一些国家和民族根深蒂固的"争"的发展理念。同时，人与人之"争"，人与自然之"争"，造成了个人主义恶性膨胀、生态环境严重破坏等人类问题。

与"争"的发展理念相反，中国古人主要选择了以和为贵的发展理念。《论语·学而》中说："礼之用，和为贵。先王之道，斯为美，小大由之。"《周礼·天官·大宰》中也说："以和邦国，以统百官，以谐万民。""和"在中华优秀传统文化中占有重要地位。以和为贵的发展理念包括两个方面：一是对内追求和谐发展，包括追求人与自身和谐、人与人和谐、人与社会和谐及人与自然和谐。中国古人强调："和也者，天下之达道也。""致中和，天地位焉，万物育焉。"（《礼记·中庸》）"不违农时，谷不可胜食也；数罟不入洿池，鱼鳖不可胜食也；斧斤以时入山林，材木不可胜用也。"（《孟子·梁惠王上》）这些都可以反映出中国古代追求和谐的思想。二是对外追求和平发展。中国古代在谋求国家发展、处理国际关系时主张采取和平方式。中国古人认为"以力服人者，非心服也，力不赡也；以德服人者，中心悦而诚服也"（《孟子·公孙丑上》），提倡"远人不服，则修文德以来之"（《论语·季氏》）。汉唐通过"和亲"加强与邻邦的友好关系，明代郑和七下西洋对沿途国家秋毫无犯，都充分说明了中华民族以和为贵的发展理念。

中国以和为贵的发展理念得到了世界一些著名学者的认可和重视。英国哲学家罗素认为，欧洲人的生活方式"要求奋斗、掠夺、无休止的变化，以及不满足与破坏"，"中国人发现了并且已经实践了数个世纪之久的一种生活方式，如果能够被全世界所接受，则将使全世界得到幸福"。1988 年全球 75 位诺贝尔奖获得者在法国巴黎发表宣言："如果人类要在 21 世纪生存下去，必须回到 2500 年前去汲取孔子的智慧。"当今世界科学技术越来越发达，武器装备也越来越先进，战争已是人类不能承受之重，中国以和为贵的发展理念正是解决冲突、消弭战火、预防战争的思想良方。

二、公平正义的价值追求

西方有句名言："没有永远的朋友，只有永恒的利益。"这句话被西方人奉为处理人际关系、国际关系的圭臬。历史学家司马迁说："利诚乱之始也。"（《史记·孟子荀卿列传》）唯利是图的价值追求，是人类历史上许多问题产生的重要原因。当今世界，诸如恐怖主义、局部战争、贫富不均、生态破坏等问题，都可以视为唯利是图价值追求的结果。解决这些难题，必须转变唯利是图的价值追求。中华优秀传统文化中公平正义的价值追求，正确处理了"利益"与"公平"和"正义"的关系，能解决当前许多人类难题。

在追求正义方面，中华民族表现出先义后利、义利兼顾的价值取向。

一是反对见利忘义。孔子说："不义而富且贵，于我如浮云。"（《论语·述而》）荀子说："先义而后利者荣，先利而后义者辱。"（《荀子·荣辱》）这些都反对见利忘义，主张见利思义。

二是主张以义为利。"义，利之本也。"（《左传·昭公·昭公十年》）"国不以利为利，以义为利也。"（《礼记·大学》）这都把"义"看作最大的"利"、最根本的"利"。

三是提倡义利兼顾。清代学者颜元批评"义"与"利"分裂对立的观点，提出了"正其谊以谋其利，明其道而计其功"的命题，将"义"与"利"有机统一起来。

在追求公平方面，中华民族主张公而不私、正而不偏。中国古代对"公"和"正"非常重视，甚至把它们上升到关系国家兴亡的高度。关于"公"，荀子说："公生明，偏生暗。"（《荀子·不苟》）苏轼说："治国莫先于公。"（《司马温公行状》）程颢、程颐也强调："一心可以丧邦，一心可以兴邦，只在公私之间尔。"（《二程集·河南程氏遗书·卷第十一》）关于"正"，孔子说："政者，正也。"（《论语·颜渊》）"其身正，不令而行；其不正，虽令不从。"（《论语·子路》）孟子也说："行有不得者，皆反求诸己，其身正而天下归之。"（《孟子·离娄上》）中国古代对"公正"的追求，鲜明地体现在"大同"社会理想中。《礼记·礼运》记载："大道之行也，天下为公。选贤与能，讲信修睦，故人不独亲其亲，不独子其子，使老有所终，壮有所用，幼有所长，鳏寡孤独废疾者，皆有所养。""大同"社会是一个百姓丰衣足食、安居乐业的社会，更是一个人人平等、公平正义的社会。

追求公平正义并不否定利益，而是正当处理"公平"与"利益"以及"正义"与"利益"的关系，从而"兴天下之利，除天下之害"（《墨子·非攻下》）。

近年来,在处理国际关系的问题上,习近平多次强调要践行"正确义利观",指出:"要找到利益的共同点和交汇点,坚持正确义利观,有原则、讲情谊、讲道义,多向发展中国家提供力所能及的帮助。""中国坚持国家不分大小、强弱、贫富一律平等,秉持公道、伸张正义,反对以大欺小、以强凌弱、以富压贫。""正确义利观"正是中华优秀传统文化中的重要内容,对当代人类正确处理"义"与"利"的关系、解决人类难题都具有重要的启示意义。

三、辩证综合的思维方式

国学大师季羡林认为,几百年来西方文化产生许多弊端,如环境污染、生态破坏、人口爆炸、疾病丛生、资源匮乏等。如果这些问题得不到解决,人类前途将岌岌可危。他指出:"弊端产生的根源,与西方文化的分析的思维方式有紧密联系。""西方形而上学的分析已经走到尽头,而东方寻求整体的综合必将取而代之。"许多学者认同这种看法,认为中国注重辩证综合的思维方式有利于解决人类面临的许多难题。

中西思维方式各有特点。一般认为,西方注重逻辑分析,中国更注重辩证综合,表现为重整体、讲辩证、尚体悟的思维特点。逻辑分析的方法为人类文明,特别是科技文明做出了巨大贡献,并仍是当代最重要的思维方式之一。中国辩证综合的思维方式虽然被认为是中国明清以来科技落后的重要原因,但在解决当代人类难题方面也有一定优势。

一是注重从整体看局部,把万事万物看成紧密联系的整体,从而主张从局部现象观察整体问题,从整体角度解决局部问题。

二是注重以辩证促平衡,认为万事万物都体现着对立统一,只有辩证把握这些对立统一,不走极端,才能保持平衡,达到和谐。比如针对生态环境问题,《吕氏春秋·孝行览·义赏》中说:"竭泽而渔,岂不获得?而明年无鱼。焚薮而田,岂不获得?而明年无兽。"这就是把眼前利益和长远利益辩证统一起来,以辩证的方式促进平衡。现代人类以"竭泽而渔""焚薮而田"的方式消耗地球资源,必然造成生态环境的破坏。

当代人类遇到的一些难题,如恐怖主义愈演愈烈、贫富差距持续拉大、生态环境严重破坏等,它们的产生原因非常复杂,如果用中国辩证综合的思维方式,有利于找出合理的解决方案。比如针对恐怖主义,"911"事件之后,西方国家主要通过加强安保措施、打击恐怖主义策源地等方法来解决问题。但从效果来看,近年来美国、英国、法国等欧美国家恐怖袭击事件层出不穷,给西方世界带来极大烦恼。如果用中国辩证综合的思维方式看,西方国家解决恐怖主义的方法犹如"扬汤止沸",治标而不治本。恐怖主义产生的深层原因是民族间的利益冲突和文化冲突,根本上源于世界不合理不公平的国际秩序。不解决利益冲突和文化冲突,不建立合理公平的国际秩序,恐怖主义就无法解决。中华优秀传统文化中辩证综合的思维方式,对于解决当今世界诸如恐怖主义之类的许多难题,能够提供很好的方法论启示。

四、高超独特的中国艺术

文学家钱钟书说:"东海西海,心理攸同;南学北学,道术未裂。"人类艺术心理的相似性,使优秀文艺作品可以在不同民族间流传,使诸如莎士比亚、托尔斯泰、贝多芬、梵高等艺术家的作品成为人类共同的精神瑰宝。同时,不同民族艺术表现的特殊性,又使不同民族的文艺在世界文艺中占有特殊的地位。中国传统文学艺术,因其具有高超的艺术水准和独特的艺术魅力,在世界文艺史上别具一格,占据重要地位,对人类具有巨大的艺术价值。

(一)高超的艺术水准

中国古人对文学艺术极其重视,甚至将其作为"经国之大业,不朽之盛事"(《典论·论文》)。因为重视,所以在创作态度上精益求精。唐代诗人贾岛作诗反复"推敲",称自己作诗"二句三年得,一吟双泪流"(贾岛《题诗后》)。清代小说家曹雪芹"披阅十载,增删五次",创作出"字字看来皆是血"的旷世杰作《红楼梦》。正是由于这种对文艺创作的极端重视和精益求精的态度,中国古代在文艺创作上才取得了巨大成就,达到了高超的艺术水准。以李白、杜甫、苏轼等诗为代表的诗歌,以四大名著为代表的小说,以《西厢记》《牡丹亭》为代表的戏剧,以及王羲之、颜真卿、阎立本、黄公望、唐寅等的书画,都达到了世界一流艺术水准。高超的艺术水准,是中国传统文艺能够走向世界的基础。

(二)独特的艺术魅力

与世界其他民族文学艺术相比,中国传统文学艺术有自己的特色。冯友兰指出:"富于暗示,而不是明晰得一览无遗,是一切中国艺术的理想,诗歌、绘画以及其他无不如此。拿诗来说,诗人想要传达的往往是诗中没有说的。照中国的传统,好诗'言有尽而意无穷'。"美国哲学家威尔·杜兰特也说:"中国的诗,不是讨论,而是暗示;是含蓄,而不是明言。"这种"言有尽而意无穷"的表现方式,是中国传统文艺的一个显著特色。例如,同样描写爱情悲剧,曹雪芹的《红楼梦》与莎士比亚的《罗密欧与朱丽叶》比起来,其艺术特色大相径庭，前者含蓄蕴藉，后者直白热烈；前者多用间接烘托，后者多用直接呈现。这种艺术特色的不同，给人的审美体验也极为不同。中国传统文艺的独特艺术魅力，是其具有世界价值的关键。

长期以来，由于中西文艺交流不畅，以及近代以来中西文化上西强东弱的总体态势，中国传统文艺在世界上的影响力还不够强。但是，中国传统文艺本身所取得的巨大艺术成就、所达到的高超艺术水准、所具有的独特艺术魅力，使它具有不可否定的世界价值。随着中国在世界上影响力的提升，中国传统文艺也会逐渐走向世界，以其无限的艺术魅力影响世界、服务人类。

第六章 实现中华优秀传统文化当代价值的经验与教训

中华优秀传统文化在发展过程中，从简单质朴的文化样式发展为博大精深的文化体系，从黄河长江流域的中国文化发展为享誉全球的世界文化，历经许多曲折，也取得了辉煌成就。在这一过程中，中国历代先祖传承发展中华优秀传统文化的成功经验值得今人认真总结和借鉴，但失败的教训也要吸取。本章分为实现中华优秀传统文化当代价值的经验和实现中华优秀传统文化当代价值的教训两部分。主要内容包括：尊重传统，坚守文脉；广泛争鸣，深度交融；注重继承，勇于创新等方面。

第一节 实现中华优秀传统文化当代价值的经验

一、尊重传统，坚守文脉

世界文化史上，有的传统文化绵延不绝，有的传统文化中断消亡，大多与其是否得到尊重和坚守有关。没有后人态度上的尊重和行动上的坚守，传统文化就难以传承。中华文化几千年来绵延不绝、生生不息，是中华民族始终尊重传统和坚守文脉的结果。魏文帝曹丕在《典论·论文》中指出："盖文章，经国之大业，不朽之盛事。"这里说的虽是文章，但也可充分表明中国古代对文化事业的重视。中国古代对传统文化的尊重和坚守方面，有以下成功经验。

（一）重视传统文化教育

中华民族自古重视传统文化教育。孟子说："夏曰校，殷曰序，周曰庠，学则三代共之，皆所以明人伦也。"（《孟子·滕文公上》）从夏商周时代起，我国就有国家学校"学"和地方学校"校""序""庠"等，用以教育民众，达到"明人伦"的目的。春秋时期，孔子收徒讲学，私学开始盛行。秦汉以来，政府设有太学、国子监，民间设有私塾、书院。但不论官学还是私学，不论政府开办的学校还是民间开办的学校，传统文化总是作为教学的主要内容。据记载，周的官学教授"六艺"，即礼、乐、射、御、书、数。礼是周公创制的古礼，乐是流传下来的古乐，都是传统文化。孔子收徒讲学，传授"六经"，即《诗》《书》《礼》《易》《乐》《春秋》。孔子说："不学诗，无以言；不学礼，无以立。"（《论语》）可见其对传统文化的教育非常重视。汉武帝"独尊儒术"，在长安建"太学"，设五经博士，专门讲授儒家的五种经典，即《诗》《书》《礼》《易》《春秋》。魏晋以来，历代政府或设太学，或设国子监，均把儒家经典作为主要教学内容。除了政府教育机构，我国古代民间还盛行私塾，以《三字经》《百家姓》《千家诗》《千字文》《弟子规》"四书""五经"等为主要教学内容。中国古代在教育上对传统文化的尊重和坚守，使传统文化，特别是优秀传统文化得到长久的传承和弘扬。

（二）热衷传统文化经典的编纂

古代文化传播手段有限，传统文化容易丢失或消亡。中国历史上经过多次文化劫难，有些文化作品甚至永久消亡。但中华文化能够传承不绝，与古人重视和热衷于编纂文化经典密不可分。

1. 史书的编纂

中国从先秦开始就注重编纂历史书籍，产生了《春秋》《左传》《国语》等优秀史书。汉代司马迁编纂《史记》，班固编纂《汉书》，形成了良好的国史编纂传统。这些优秀史书，使传统文化得到很好的保存和传承。

2. 文集的编纂

中国古代注重编纂文集，从《诗经》《楚辞》开始，各种经典文集层出不穷。这既包括《论语》《孟子》《老子》《庄子》《墨子》《韩非子》等先秦诸子的文集，也包括秦汉以来文化大家们的各种文集，如《陶渊明集》《李太白集》《杜工部集》等。另外，还有《全唐诗》《全宋词》《唐诗三百首》《宋词三百首》《元曲三百首》《古文观止》等经典文集，在后世流传极广。

3. 丛书的编纂

中国古代政府注重大型丛书的编纂，《昭明文选》《永乐大典》《四库全书》是其中的代表作。以《四库全书》为例，该丛书分经、史、子、集四部，收录图书达3500多种，成书为7.9万卷，3.6万册，约8亿字，基本包罗了古代所有书籍。这种政府编纂的大型丛书，对民族传统文化的传承极为重要。

（三）注重传统文化人才的选拔

先秦选官采用"世袭制"，官职根据血缘关系世袭，但能够出类拔萃的官员往往也是对传统礼乐文化掌握较好者。据《左传》《国语》等先秦史书记载，尧、舜、禹、汤、文、武、周公等形成的文化传统、留下的文化典籍都为当时政治所重视。孔子说："诵《诗》三百，授之以政，不达；使于四方，不能专对；虽多，亦奚以为？"（《论语·子路》）从中可看出当时官场对《诗经》等传统文化的看重。战国时期，有文化有才能的士阶层崛起，逐渐取代世袭贵族的地位。汉代选官采用"察举制"，选拔德才兼备者任官，特别选拔"秀才"和"孝廉"，所推举者是能够躬行传统美德、具有治国能力的人才。隋唐以来，选官实行"科举制"，开始通过考试选拔官吏，儒家经义成为重要考试内容。贞观年间，政府规定只要通晓《礼记》《左传》等经典中一门的都可以入仕做官，很多儒士因学业优异被提拔任用。宋真宗赵恒在《励学诗》中说："书中自有黄金屋""书中自有颜如玉""男儿欲遂平生志，五经勤向窗前读"。他鼓励人们通过读书获取功名利禄，而读书也强调要读"五经"等传统文化经典。明清之后，科举制度更为完备，考试内容限定在"四书""五经"，阐释解读必须参照朱熹的《四书集注》，这种情况一直延续到清末科举制度废除。在中国历史上，传统文化作为选拔官吏的重要标准，无疑对传统文化的不断传承起到了关键作用。

中国古代之所以对传统文化如此尊重和坚守，是因为古人始终认为传统文化是国家长治久安、社会和谐有序、文脉传承发展的精神基础。后人在传统文化中学习治国理政的智慧，培养为人处世的品质，汲取文艺创作的营养，乃至获得实现人生价值的资本。这些动机都激励着人们尊重和坚守传统文化，使传统文化得到成功传承。

二、广泛争鸣，深度交融

在唯物辩证法看来，矛盾是事物发展的源泉和动力，也是事物保持活力的内在依据。文化作为由诸多文化要素有机构成的系统，其活力源于系统内部诸要素之间、系统与系统之间的矛盾运动。这种矛盾运动既表现为文化争鸣，即文化上对立的一面，又表现为文化交融，即文化上统一的一面。一种文化就是在不断的争鸣与交融中，保持着向前发展的动力和活力。中华文化几千年来生生不息，始终保持生机活力，正是由于传统文化的广泛争鸣与深度交融。

（一）广泛的文化争鸣

所谓文化争鸣，是指文化上的差异和对立。在中华文化发展史上，文化争鸣是广泛而持久的。

1. 主次文化争鸣

纵观中华文化史，儒家文化居于主导地位，其他文化居于次要地位。但这种主导地位的确立，是经过长期的争鸣实现的。孔子创立儒家思想之后，就一直受到其他思想的挑战。这些挑战先是来自先秦墨家、道家、法家等思想，后又来自秦汉以来佛学思想和其他思想。通过一次又一次儒与墨、儒与法、儒与道、儒与释和儒与其他思想的争鸣，儒家思想逐渐丰富和完善，成为中华民族古代社会的主导意识形态。

2. 内外文化争鸣

中华文化从古至今，经历一个由小到大、由弱到强的过程。在这个过程中，中华文化内部系统与外部系统不断争鸣，在争鸣中逐渐发展壮大。最初，中华文化主要繁荣于黄河两岸的中原地区，在与周边其他民族和地区文化的争鸣中不断扩大影响。随着中华民族疆域的扩大和世界文化交流的推进，中华文化与世界其他文化，特别是印度文化、伊斯兰文化和西方文化也发生了广泛争鸣。

3. 古今文化争鸣

中华文化在发展过程中，还一直进行着古今争鸣。中华民族自强不息的精神和革故鼎新的理念，决定了文化上必然发生古今争鸣。在思想领域，孔子的儒家思想产生以后，后起的墨子、庄子、韩非子等思想家对孔子的儒家思想进行了猛烈批判。孔子之后，孟子、荀子、董仲舒、朱熹、王阳明等思想家也对儒家思想进行了不同于前人的阐释。在文学领域，唐诗、宋词、元曲、明清小说等文学样式先后出现，产生了许多优秀作品。通过文化上的广泛争鸣，传统文化始终保持着发展的活力。

（二）深度的文化交融

所谓文化交融，是指文化上的融合和统一。文化争鸣是文化"异"的一面，文化交融是文化"同"的一面。文化争鸣的过程，往往也是文化交融的过程。

1. 主次文化交融

儒家思想在传统文化中虽处于主导地位，但儒家思想也一直与其他思想进行着深度交融。先秦时期，诸子百家思想既广泛争鸣，又深度融合。《汉书·艺文志》说："其言虽殊，譬犹水火，相灭亦相生也。仁之与义，敬之与和，相反而皆相成也。"这说的正是诸子百家思想深度交融的一面。秦汉以来，"儒学在发展过程中，大量地吸收了佛教、道教的营养，不断充实自己的内容，完善自己的形式，从而保持了自己蓬勃的生命力"。儒家思想与道家思想、佛学思想深度交融，甚至一度出现儒、释、道三教合流的文化现象。

2. 内外文化交融

中华文化发展的过程，也是中华文化内部系统与外部系统不断深度融合的过程。中国哲学家张岱年认为："中国文化的主体和核心——华夏文化是在华、戎、狄、夷等部族的融合中诞生出来的。"汉代佛教传入中国，魏晋南北朝之际，北方少数民族文化大量传入中国，与中原地区的华夏文化产生激烈碰撞和融合。"野蛮但充满生气的北族精神，给高雅温文却因束缚于礼教而冷淡僵硬的汉文化带来了新鲜空气。"内外文化的深度交融，给中华文化输入了新鲜血液。

3. 古今文化交融

文化上的古今交融，表现为历史上一些时期文化上融合古今的现象。以古代文学为例，虽然一个时代有一个时代的文学，但后人的文学创作经常自觉地融合古今，纠正时弊，创造出新的文学作品。唐诗、宋词、元曲、明清小说，每一代新的文学形式，都表现出融合古今的情况。以《红楼梦》为例，它是创作于清代的章回体长篇小说，它在思想上融合了前代儒、释、道等各家思想，文体上融合了前代诗歌、散文、戏曲等各种文体，艺术上借鉴了前代《西厢记》《金瓶梅》等文学经典，成为中国古代文学的集大成者。传统文化的深度交融，使它可以不断地博采各家之长，保持长久的生机与活力。

文化争鸣与文化交融相互促进，文化争鸣使不同文化显示优劣和高下，为文化交融提供前提；文化交融使不同文化相互吸收精华，为文化争鸣提供保障。中华文化在发展过程中，文化争鸣使传统文化系统始终保持发展的张力；文化交融则经常给传统文化系统输入来自外部的、时代的新鲜血液，使传统文化经常以新的面貌获得发展。文化争鸣与文化交融共同使传统文化保持生机与活力。

三、注重继承，勇于创新

传统文化"传"下去，有两种基本方式：一是保持原样"传"下去，二是有所创新"传"下去。也就是说，传统文化的持续传承，是通过文化继承和文化创新两种基本方式实现的。文化继承，侧重于"继"，是把传统文化，特别是优秀传统文化"继"下来、"传"下去。文化创新，侧重于"新"，是通过对传统文化的创新发展，使传统文化以"新"面貌"传"下去。文化继承和文化创新是相辅相成的，没有文化继承，文化创新就缺少根本和源泉；没有文化创新，文化继承就失去生机和活力。

（一）继承传统文化

传统文化需要继承，是因为传统文化中的一些核心内容，是该文化系统的基因和标志，如果改变或丢弃，这种文化就会发生性质变化，甚至面临中断、消亡的危险。中华文化在发展过程中，非常注重文化继承，特别是对传统文化中的核心内容，注重尽量保持原样地继承。孔子说他自己是"述而不作，信而好古"（《论语·述而》）。朱熹解释说："述，传旧而已；作，则创始也。"（《论语集注·述而》）也就是说，孔子对传统文化主要采用的是一种"继"下来、"传"下去的方式。孔子晚年整理修订"六经"，对《诗》《书》《礼》《易》《乐》《春秋》做了大量"述"的工作，对中华文化的传承产生了深远的影响。秦汉以来，知识分子对传统文化"述"的工作可谓持之以恒，特别是汉代、唐代、清代的知识分子尤其重视对文化典籍的整理修订，中国先秦乃至后世历代的重要文化典籍，也因此能够原汁原味地保存至今。不仅在文化典籍方面，中华民族对传统文化中的民族精神、治国理念、传统美德、文学艺术、历史经验、思维方式、语言文字、民俗节日、饮食服饰等方面，都注重进行一以贯之的继承。例如，热爱祖国、自强不息等民族精神，"民为贵""为政以德"等治国理念，仁爱、诚信等传统美德，春节、端午、中秋等民族节日，这些都被很好地继承下来。传统文化的继承，既使中华文化绵延不绝，也给中华民族带来深厚的文化营养和持久的发展动力。

（二）创新传统文化

与文化继承相结合，文化创新也是传统文化持续传承的重要方式。在传统文化传承过程中，完全保持原样地继承几乎是不可能的。传统文化需要创新，因为时代一直在"变"，文化必须因时而变、推陈出新，否则就难以为继。以儒家思想为例，作为中华文化中处于主导地位的思想，其本身的传承过程，也是继承和创新相结合的过程。张岱年指出："儒家既不是什么纯而又纯、铁板一块、在一切问题上都始终一贯的系统，也不是毫无脉络可寻的仅仅在名义上统一的一盘散沙，而是一个既有相对稳定结构，又有丰富、复杂内容的在历史进程中不断演化的系统。"儒家思想创立之后，随即就受到来自墨家、道家、法家等思想的挑战，秦汉以来又受到道教、佛教等思想的挑战。儒家思想为了生存和发展，进行了一系列创新。战国时期的孟子和荀子，汉代的董仲舒，宋代的"二程"和朱熹，明代的王阳明，都对前代儒学思想进行了创新性的阐释和发展，儒学也先后出现了先秦儒学、两汉经学、宋明理学、陆王心学、清代朴学等不同发展阶段。传统文化的创新，不仅发生在思想领域，而且发生在语言文字、文学艺术、伦理道德、制度礼仪等其他文化领域，中国古代的语言、文学、书法、绘画、建筑、戏曲、制度等，都出现了不同程度的创新。这种持续的文化创新，使中华文化得到了更好的传承。

总结来说，传统文化的传承，首先，需要后人对传统文化的尊重和坚守，通过态度上的尊重和行动上的坚守，传统文化绵延不绝。其次，也需要人们在传承传统文化的过程中，注重文化的争鸣和交融，保持传统文化的生机与活力。最后，人们只有既注重继承，又注重创新，使两者有机结合，才能使传统文化得到持续传承。

第二节　实现中华优秀传统文化当代价值的教训

中华优秀传统文化在保持持续发展、取得辉煌成就的同时，也经历过许多坎坷曲折，甚至遇到过巨大文化危机。其中需要汲取许多深刻的教训。

一、文化结构失衡

从文化系统性角度看，一种文化是由诸多文化要素组合而成的文化系统。在一个文化系统中，文化要素有主次之分，如果主次文化要素地位恰当、组合合理，文化就有活力；反之，就会导致文化结构失衡，进而导致文化僵化。文化结构失衡，有时是因为文化独尊，过于强调主导文化要素，而损害其他文化要素；有时则是因为文化迷失，主导文化要素地位丧失，从而丧失文化的根本和灵魂。这两种情况，都会造成传统文化传承的严重问题。

（一）文化独尊

在一定历史时期，确定一种稳定的主导文化，既利于社会发展，也利于文化发展。但这种主导文化的确立，不应以排斥其他文化为基础。文化上的独尊，乃至文化上的专制，往往会对文化的发展造成严重伤害。在中国历史上，文化独尊，甚至文化专制的现象时有发生，而产生的危害也是深远而巨大的。秦帝国建立后，文化上实行独尊和专制，尊崇法家思想为唯一合法思想，甚至实行"焚书坑儒"的文化政策，既对中华文化造成极大破坏，也对秦帝国造成致命伤害。秦亡汉兴，黄老学说盛极一时，到汉武帝时，实行"罢黜百家，独尊儒术"的文化政策，确立了儒家思想的主导地位。在很长一段时间里，儒家思想与其他多元文化争鸣交融，主导文化与多元文化相得益彰，保持了文化的长期繁荣。

明清以来，在所有思想中独尊儒家思想，在儒家思想中又独尊程朱理学，使主导文化的地位越来越突出，其他文化的地位越来越低，从而使中华文化发展进入狭窄而僵化的境地。在明代，一些反思批判儒学、反思批判程朱理学的思想家，如何心隐、李贽等被斥为"异端"，甚至被迫害致死。在清代，文化上实行专制，且大兴"文字狱"，制造"避席畏闻文字狱"的恐怖氛围，导致文化上"万马齐喑"，思想文化变得越发僵化、落后。

中国历史上，文化的发展呈现这样一种现象，即：主导文化被恰当定位的时候，文化比较繁荣，如先秦文化和唐宋文化；主导文化被过度强调的时候，文化发展比较僵化，如秦代文化和明清文化。总之，中国历史上文化独尊以及文化专制造成的文化伤害是巨大的。

（二）文化迷失

在相当长时间内，中华文化以儒家思想为主导，主导文化与多元文化相得益彰，文化上取得了巨大成就。但也有一个历史现象值得注意，就是当儒家思想的主导地位受到猛烈冲击和严重削弱时，中华文化的发展也会出现动荡，甚至出现文化迷失现象。文化迷失是文化失去根本和灵魂的现象，不利于文化的发展。

西汉"独尊儒术"以来，儒家思想的主导地位第一次受到严重冲击源于魏晋南北朝之后的佛教盛行。佛教从汉代传入中国，经过长期发展，在南北朝盛极一时。据《洛阳伽蓝记》记载，仅北魏都城洛阳，佛寺就有一千三百多座。南朝佛教也非常盛行，唐代诗人杜牧描绘这一现象时说："南朝四百八十寺，多少楼台烟雨中。"（杜牧《江南春》）佛教的盛行，虽然给中华文化注入了新鲜血液，但它危及了儒家思想的主导地位，造成了严重的文化迷失，甚至危及了国家政权的稳固，乃至发生了"三武一宗灭佛"的文化悲剧。

儒家思想的主导地位第二次受到严重冲击源于近代以来的西学东渐。近代以来，西方列强用坚船利炮敲开中国大门，西方文化汹涌而入。在中西文化的激烈碰撞中，儒家思想的历史作用受到质疑和批判，其主导地位也受到挑战和削弱。因此在很长一段时间内，中华文化缺乏一种稳定的主导文化，这就造成了文化上的迷失。文化迷失表现为文化发展上的一系列极端观点和现象，如"全盘西化""打倒孔家店""废除汉字"等，都是旧的主导文化崩塌、新的主导文化缺位造成的迷失现象。近代以来的文化迷失现象，对传统文化造成了巨大伤害。

文化独尊和文化迷失，是文化结构失衡的两个极端。前者过度强调主导文化的地位，窒息了多元文化的发展，最终也伤害了主导文化自身。后者削弱、否定主导文化的地位，使多元文化发展失去根本和灵魂，从而对文化造成伤害。中华文化史上的文化独尊和文化迷失现象，给我们传承传统文化以深刻的教训。

二、文化关系失当

文化既有时代性，又有民族性。因此，不同文化之间既存在古今关系，即传统与时代的关系；又存在内外关系，即本来与外来的关系。传统文化既是一种"古"文化，也是一种"内"文化，传承传统文化必然要处理文化的古今关系和内外关系。这两种关系处理得当，文化就能发展；反之，文化就会落后。在中国文化史上，文化保守和文化排外，往往会导致文化的落后。

（一）文化保守

对传统文化的尊重与坚守，是中华文脉连绵不绝的重要原因。但在处理传统与时代的关系时，如果过分强调传统、忽略时代，在文化上过于保守，就容易造成文化的落后。中国历史上出现过多次大的古今之争，而当文化保守派抱残守缺、顽固守旧时，就会阻碍文化的进步和社会的进步。战国初期，秦孝公任用商鞅变法图强，不仅在政治、经济、军事领域进行深刻变革，更是在思想文化领域革故鼎新。商鞅变法伊始就受到文化保守势力的反对，反对者声称："圣人不易民而教，知者不变法而治。""法古无过，循礼无邪。"（《史记·商君列传》）虽然商鞅变法艰难推进，但商鞅本人遭到保守势力的迫害。商鞅变法之后，历代推行变法或新政总会受到文化保守势力的阻碍，如胡服骑射、北魏孝文帝汉化改革、王安石变法、张居正改革等。

文化古今之争最为激烈、文化保守势力最为顽固的情况发生在近代。鸦片战争之后，传统文化受到近代文化的强烈冲击，也就是"古"文化受到了"今"文化的冲击。一方面，一些有识之士认为落后的传统文化必须被先进的近代文化所代之，不如此中国就不能进步。另一方面，一些传统文化的保守者，以保卫传统文化为己任，认为丢弃传统文化就会亡国灭种。极端的文化保守态度阻碍了中国文化的进步和社会的进步。鲁迅说："可惜中国太难改变了，即使搬动一张桌子，改装一个火炉，几乎也要血；而且即使有了血，也未必一定能搬动，能改装。不是很大的鞭子打在背上，中国自己是不肯动弹的。"在这种激烈的古今之争、顽固的文化守旧中，洋务运动、戊戌变法、辛亥革命相继失败，中国的近代化之路障碍重重。文化的古今之争，有厚古薄今、厚今薄古两种倾向，它们都不利于文化进步，但厚古薄今的文化保守倾向在中国文化史上产生的负面影响尤其大。

（二）文化排外

从起源看，中华文化是中原华夏文化和周边各民族文化，乃至世界其他文化长期争鸣交融的产物。但在相当长的时间里，华夏文化处于领先和主导地位。华夏民族对自身文化非常自信和自豪，《左传·定公·定公十年》中说："裔不谋夏，夷不乱华。"孔颖达对此解释说："中国有礼仪之大，故称夏；有服章之美，谓之华。"（《春秋左传正义·定公十年》）相反，华夏民族对"夷狄"文化非常鄙视。孔子说："夷狄之有君，不如诸夏之亡也。"（《论语·八佾》）孟子说："吾闻用夏变夷者，未闻变于夷者也。"（《孟子·滕文公上》）基于此，中国古代就有了所谓的"夷夏之辨"。冯友兰认为："在传统上，中国人与外人即'夷狄'的区别，其意义着重在文化上，不在种族上。"可见"夷夏之辨"不是一种种族认同，而是一种文化认同，它认为"华夏"文化与"夷狄"文化之间存在优劣差别，应防止用"夷"变"夏"。孔子、孟子都是"夷夏之辨"的支持者，视夷狄文化为低等文化。虽然有"夷夏之辨"，但中华文化依然具有较强的包容性，特别是汉唐时期大量吸收了周边少数民族文化和世界其他文化。但也有一些时期，人们对"夷夏之辨"极为敏感，甚至发展到文化上盲目排外的程度。

明末清初，西方文化随利玛窦、汤若望、南怀仁等传教士传入中国，中国获得了一次学习西方、赶上西方的绝佳机会。但以杨光先为代表的中国士大夫，严守"夷夏之辨"，拒斥西方文化。在拒斥西洋历法时，杨光先说："宁可使中夏无好历法，不可使中夏有西洋人。"（杨光先《日食天象验》）中国严守"夷夏之辨"，关闭了内外文化交流的大门。鸦片战争之后，西方用武力打开中国大门，西方文化再次传入中国。中国知识阶层的许多人仍不识时务、盲目排外，阻挠"师夷长技以制夷"的洋务运动，阻挠"救亡图存"的戊戌变法，使中国的近代化步伐极为艰难。历史证明，这种文化排外不仅没有使传统文化得到很好的传承和弘扬，反而使传统文化更加落后和僵化。

古今之争是文化时代性的争论，夷夏之辨是文化民族性的争论，但这两者又经常交织在一起。例如，在近代文化争论中，中国自身的传统文化既是一种"古"文化，也是一种"夏"文化；而西方文化既是一种"今"文化，也是一种"夷"文化。因此，在中国近代，传统文化与西方文化的冲突，既是"古今之争"，也是"夷夏之辨"。但不管怎样，在文化"古今之争"和"夷夏之辨"的区分中，极端保守和盲目排外的偏见，必然会造成文化的落后。

三、文化定位失度

文化独尊或文化迷失，文化保守或文化排外，反映了人们对传统文化作用的定位失度。毋庸置疑，传统文化有其正面作用，也有其负面危害，但对其作用和危害都应理性认识、恰当定位，如果定位失度，就会产生文化走极端的倾向。如果过度夸大传统文化的作用，就会产生厚古薄今、盲目排外的倾向；相反，如果过度贬低传统文化的作用，就会滑向厚今薄古、崇洋媚外的极端。同样，对传统文化的定位失度，同样会对传统文化造成破坏。

（一）传统文化作用的定位失度

传统文化有重要作用，这是毫无疑问的，也是被历史反复证明的。但传统文化到底有多大作用，却时常成为人们争论的焦点，而夸大或贬低传统文化作用的情况时有发生。特别是近代以来，在古今文化、中西文化的冲突中，这种失度表现得尤其明显。夸大或贬低的失度，往往造成对传统文化的破坏。

在夸大传统文化的作用方面，晚清时期的士大夫曾经普遍具有这种倾向。他们饱读传统经典，深明孔孟之道，认为只有传统文化才能使中国在千年变局中化险为夷。以洋务运动为例，保守派高呼"立国之道，尚礼仪不尚权谋；根本之图在人心，不在技艺"，认为只有传统文化才能救国。洋务运动推动者，虽然也认为"以忠信为甲胄，以礼义为干橹"不切实际，应该"师夷长技以制夷"，但他们觉得"中国的政治制度及立国精神是至善至美的，无须学西洋"，也是明显夸大了传统文化的作用。虽程度有所不同，但洋务运动的支持者和反对者都夸大了传统文化的作用，这场运动的失败就在所难免了。

在贬低传统文化的作用方面，以清末民初的知识分子为典型代表。鸦片战争之后中国在军事上一败再败，洋务运动、戊戌变法、辛亥革命等救国图存运动无一成功，这就使当时的知识分子将反思批判的矛头对准了传统文化。当时的许多知识分子普遍认为传统文化已经失去了富国强兵、治国安民的作用，要使中国走出困境非引入西方文化不可，"全盘西化""废除汉字"的主张一时甚嚣尘上。在当时的处境下，对传统文化的反思和批判自有进步意义，但这种贬低传统文化作用的倾向，无疑使传统文化的地位一降再降。

（二）传统文化危害的定位失度

明清以来，传统文化阻碍社会进步，产生巨大危害，这是毋庸置疑的。但对传统文化危害的定位，近代以来也出现了不小的偏差。夸大危害的有之，忽视危害的亦有之，这两种倾向都对传统文化造成了破坏。

　　在夸大传统文化的危害方面，以"五四"时期的知识分子表现最为明显。在新文化运动中，一些知识分子向传统文化发动了猛烈攻击。今天看来，他们显然严重夸大了传统文化的危害。他们的偏颇在于以偏概全，把小的危害夸大，从而全盘否定传统文化。如果彻底否定了孔子，废除了汉字，中华文化也就失去了根本和灵魂。

　　与夸大传统文化的危害相反，也有一些忽视传统文化的危害的现象。20 世纪 80 年代以来，随着中国经济的腾飞和综合国力的提升，经济社会发展的同时出现了道德滑坡现象，一些人逐渐忽视了传统文化给中国近代发展造成的障碍，认为传统文化特别是传统道德可以解决中国当代的许多问题。

　　传统文化到底有多大作用，有什么作用？有多大危害，有什么危害？这是值得认真对待的问题。对其准确认识、恰当定位，既有利于发挥传统文化的作用，也有利于避免传统文化的危害。反之，如果认识模糊、定位失度，就会对传统文化造成破坏。

　　前事不忘，后事之师。中华文化五千年跌宕起伏的历程，给后人留下许多经验和教训。在实现中华民族伟大复兴的新视野下实现中华优秀传统文化的当代价值，需要我们认真总结和汲取这些历史经验与教训。

第七章 中华优秀传统文化的传承与创新

网络、信息、通信等现代科技的飞速发展，大大缩短了人类社会交往的时间和空间，各国之间的文化交流日益频繁，人类文明的相互碰撞、相互融合深刻地影响着人们的日常生活。如何抓住机遇应对挑战，推动优秀传统文化的创造性转化和创新性发展，从而实现中华民族伟大复兴，就成为文化建设面临的重大研究课题。本章分为弘扬中华优秀传统文化应遵循的基本原则、弘扬中华优秀传统文化的路径两部分。主要内容包括：坚持传统文化精神与时代精神相结合的原则，坚持价值引领，增强文化自觉等方面。

第一节 弘扬中华优秀传统文化应遵循的基本原则

传承优秀传统文化是为了使其更好地发展，传承是发展的根基，发展是为了更好地展现传承下来的优秀传统文化的时代魅力。中华优秀传统文化只有不断进行创造性转化和创新性发展，才能展现它的深厚底蕴和时代价值。中华优秀传统文化的弘扬与创新应遵循以下几个原则。

一、坚持先进文化前进方向原则

面对国际文化产业的挑战，我们必须清晰认识到世界各国文化产业的发展已经形成了各自的比较优势，准确定位我国文化产业的发展方向是保证文化产业安全的关键。要定位我国文化产业的发展方向，使我国在国际文化贸易中取得与文化大国相称的地位，就必须明确文化产业发展类型，结合我国的传统优势以及国际文化产业的发展趋势。

当前文化产业大致可以分成四种类型：资源型文化产业、技术型文化产业、能力型文化产业和创意型文化产业。它们分别以独特资源、管理组合能力、核心技术以及内容创新为核心要素，且层级逐步提升。发展资源型文化产业能够结合我国的传统优势，因为我国拥有丰富的自然、历史文化资源。能力型文化产业和技术型文化产业是一个国家发展的根本和基础优势，有效的组织管理与先进的技术是文化元素得以产业化的前提，所以这两种类型类似于经济类型中的"制造业"。而目前，我国能力型文化产业和技术型文化产业发展水平仍相对滞后。从国际文化产业发展的趋势看，具有核心要素的创意型文化产业代表了文化产业发展的方向。

综合考虑各种因素，我国文化产业发展定位应该以资源型文化产业为依托，充分利用金融危机背景下发达国家转移文化产业"制造业"的机会，提升我国能力型文化产业和技术型文化产业的水平；以创意型文化产业为重点，实现我国文化产业的跨越式发展。

二、坚持文化产业"走出去"原则

由于文化产业具有意识形态性和经济性的双重属性，各国发展文化产业无不着眼于全球文化市场，其中经济利益和文化安全的双重目的是不言而喻的。坚持文化产业"走出去"原则，要做到以下几点。

第一，放宽"市场准入"限制，充分调动国有、民营文化企业的积极性，并有效利用国家与地方文化力量夯实文化产业的基础，与此同时，参照国际上的惯例，开展国际文化代理和中介服务，实施文化外贸的最新机制。

第二，积极倡导文化企业按照国际市场的要求生产具有国际竞争力的文化产品，就是依据世界上各个国家文化传统和文化消费之间不同的特征，区分国际文化的市场，生产出不同类型的文化产品，减少文化消逝现象。

第三，利用加入 WTO 后形成的国际文化贸易平台，完善我国对外文化贸易体制，为我国文化企业走向世界提供有效的金融、法律服务，形成具有国际竞争力的文化贸易体系，努力坚持文化发展中的自觉、自信、自强，增强文化软实力。

三、坚持传统文化精神与时代精神相结合的原则

中华优秀传统文化的传承与发展应该同当代中国的国情相结合。一方面，中华优秀传统文化要顺应时代发展，使其可以同中国共产党领导人民在长期的革命和建设中形成的时代精神相结合，赋予时代特性。另一方面，我们必须特别注重中华优秀传统文化在目前"文化强国"战略中的重要地位，使中华优秀传统文化的价值观同社会主义核心价值观相统一。习近平在北京大学师生座谈会上的讲话指出："中华优秀传统文化已经成为中华民族的基因，植根在中国人民内心，潜移默化地影响着中国人的思想方式和行为方式。今天我们提倡和弘扬社会主义核心价值观，必须从中汲取丰富营养，否则就不会有生命力和影

响力。"对传统文化思想价值的挖掘和阐释对社会主义先进文化建设有着根本性作用，对优秀传统文化研究也有着重要的方法论指导意义。中华优秀传统文化传承与发展必须将传统文化精神与时代精神相结合，使其成为现代化建设的强劲动力，这样才能更好地传承与发展中华优秀传统文化，为我国社会主义核心价值观构建和人类文明进步贡献独特价值观。

四、坚持文明对话交流、继承与创新相结合的原则

经济全球化时代，弘扬优秀传统文化，必须树立包容开放的理念，通过积极的文明对话交流来吸收借鉴外来优秀文化的养分。当今世界越来越走向开放，人类历史形成的优秀文化成果，逐渐成为人类共同的财富。任何一种文化的发展都离不开同其他文化的对话交流，以此来借鉴与吸收优秀文化成果，进一步发展本民族文化。毛泽东指出："应该学习外国的长处，来整理中国的，创造出中国自己的、有独特的民族风格的东西。这样道理才能讲通，也不会丧失民族信心。"邓小平指出："我们要向资本主义发达国家学习先进的科学、技术、经营管理方法以及其他一切对我们有益的知识和文化。"习近平也强调："我们要虚心学习借鉴人类社会创造的一切文明成果。"文明对话交流不是简单地实现文化之间的流动，而是为了实现中华优秀传统文化的发展与进步，使中华传统文化可以满足现代化的发展需要，而实现中华优秀传统文化的现代化发展必须要坚定马克思主义的基本立场、观点和方法，批判地借鉴吸收外来文化价值观念里的合理内核，兼收并蓄、博采众长，在继承的基础上让中华文化创新发展，不断升华。

五、坚持优秀文化遗产保护与开发利用相结合的原则

中华优秀传统文化是中华民族的根与魂，无论中国社会发展到什么程度，都是在中华优秀传统文化的根基上进行的，否则就是无源之水、无本之木。只有对中华优秀传统文化有了清醒的认识，对传统优秀文化进行弘扬和推广，才能在传承中华优秀传统文化的过程中有中国特色、中国气派、中国风格，更加坚定文化自信。优秀民族文化遗产作为民族精神的物质文化体现，不但是文化产业迅速发展和进步的最宝贵资源，而且也是中华民族永远存在的美好精神家园。

如今优秀文化遗产保护与开发利用不能协调发展，大多数情况就是二者单一性地存在，要么只是对传统文化遗产进行严格的保护，却没有对文化遗产进行开发和利用；要么仅是注重经济发展而过度开发利用，导致传统文化遗产保护不足，甚至是遭到破坏。世界上的经济强国都在利用其产业优势，加紧掠夺

文化产业相对落后国家的优秀民族文化遗产。中国是具有五千年悠久历史的文明古国，所拥有的丰富文化遗产自然成为一些文化产业强国觊觎的对象，因此提升优秀文化遗产的保护与开发相协调的能力已经刻不容缓，这也是经济全球化大背景下传承与发展中华优秀传统文化的需要。中华优秀传统文化遗产不仅要在经济全球化的时代大背景中得以保存，更要在合理利用和开发中促进社会进步和经济发展。

第二节　弘扬中华优秀传统文化的路径

一、坚持价值引领，增强文化自觉

费孝通指出："文化自觉的意义在于生活在一定文化中的人对其文化有'自知之明'，明白它的来历、形成的过程、所具有的特色和它的发展的趋向，自知之明是为了加强对文化转型的自主能力，取得决定适应新环境、新时代文化选择的自主地位。"那么在当代的直接表现就是对中华优秀传统文化发展方向的认同、对中国特色社会主义道路的认同、对社会主义核心价值观的认同。要在经济全球化的进程中传承和发展中华优秀传统文化，首先要明确中华优秀传统文化传承和发展在当代的评价标准。从古至今，任何一个社会都有着自己的价值导向，"统治阶级的思想在每一个时代都是占统治地位的思想"，我国是中国共产党领导的、人民民主专政的社会主义国家，这也就决定了我们的价值导向是社会主义核心价值体系。

那么在这一价值导向前提下，我们建设的一定是社会主义文化，中华优秀传统文化的传承和发展也一定要符合社会主义核心价值体系的评判标准，一定要坚持社会主义核心价值观的价值引领。社会主义核心价值体系不仅是社会主义内在精神的体现，更是社会主义制度在价值观上的本质要求。社会主义核心价值体系不仅展现我们对社会主义现代化建设的要求，更揭示了"以人为本"的执政理念是推动实现人民利益诉求的根本所在。中华优秀传统文化只有坚持以社会主义核心价值体系为导向，只有以这样的方式传承和发展才能形成一个统一的文化精神，人民大众在社会主义核心价值体系的引导下才会认识和体会到中华优秀传统文化的魅力所在，积极探索优秀传统文化的当代内涵，赋予优秀传统文化时代气息，增强民族文化认同。

一方面，弘扬中华优秀传统文化，是以社会主义文化建设为基础的。那么一定要坚持以马克思主义、毛泽东思想和中国特色社会主义理论体系为指导，坚持以人民为中心的理念，坚持"文化创造性转化与创新性发展"的文化发展方针，发展和谐文化，提高文化产品质量，让文化引领时尚，推动社会发展进步，教育和熏陶广大人民。另一方面，"一个政权的瓦解往往是从思想领域开始的……我们必须把意识形态的领导权、管理权、话语权牢牢掌握在手中，任何时候都不能旁落，否则就要犯无可挽回的历史性错误"。坚持马克思主义、毛泽东思想和中国特色社会主义理论为指导是就是要将意识形态的主导牢牢掌握，意识形态领域的主导是社会稳定、国家安全的保障，当国家安全和稳定的社会基础都不存在，就根本无法谈论其他一切的发展，那也就无从谈起如何传承与发展中华优秀传统文化。

只有对中华优秀传统文化有着高度的自觉，才能深刻地认识到中华优秀传统文化的历史地位和当代地位，把握住中华优秀传统文化的发展方向。只有坚持社会主义核心价值体系，坚持马克思主义、毛泽东思想和中国特色社会主义理论体系的指导，运用好马克思主义中国化最新理论成果——习近平新时代中国特色社会主义，才能实现中华优秀传统文化的传承与发展。

二、坚定文化自信，增进文化认同

文化自信是中华优秀传统文化传承与发展的重要影响因素。它是一个民族对自身文化价值的认可，只有对自身文化有着坚定信仰，才能使传统文化在经济全球化背景中充满活力，得以延续和发展。而文化自信的底气来源于中华民族对优秀传统文化的文化认同。中华文化的文化自信不仅是对自身文化价值的认可和坚守，还包含了对其他文化价值的认可，并从中充分认识中华文化的独特性和包容性，使我们更加坚定自身的文化信仰和追求。

中华优秀传统文化是我国文化发展的根基，是中华民族区别于其他民族的特别标识。传承和发展中华优秀传统文化要"发挥文化的教化功能和养成功能，推动全民族道德、理想、信念和精神境界的提升"，实现中华优秀传统文化的文化自信。中华民族千百年来传承的"以文化人"的文化理念已经深深地镌刻在每个人的心里，并潜移默化地指引着人们的价值观，构建起中华人民的精神世界，使人能够自觉地认可和坚守中华优秀传统文化。博大精深的优秀传统文化积淀的价值追求，如"协和万邦"的和平理念、"修齐治平"的人文素养、"居安思危"的忧患意识、"先天下之忧而忧"的社会责任意识、"求同存异"的人际和国际交往法则，自古以来都是社会治理、国家治理和人自身发展的重要思想渊源，并仍然在经济全球化时代发出耀眼光芒，在中国社会发展、建设中得以传承与发展。革命时期形成的革命文化蕴含了长征精神、延安精神、井冈山精神，社会主义现代化建设时期形成的社会主义先进文化蕴含了雷锋精神、"两弹一星"精神、航天精神、抗震救灾精神，这些都来源于中华优秀传统文化的深厚底蕴，在时代发展中不断生成与升华，文化自信使中华民族在坚定和认可自身的文化价值中夯实了中华优秀传统文化的现代化转化的基础。

不仅要坚定和认可中华优秀传统文化的文化价值，还要以"海纳百川"的胸怀无惧外来文化带来的压力和冲击，敢于认可其他优秀文化价值和成果。中国传统文化本就以汉文化为主融合吸收其他 55 个少数民族文化而形成，在几千年与其他外来文化交流中，兼收并蓄外来文化优秀成果。当然并不是对外来文化生搬硬套，简单接纳，而是要批判吸收，使外来文化逐渐转化为中华传统文化的一部分。例如，佛教文化本非中华文化，在鸠摩罗什和玄奘等人的努力下，佛教思想有了中华话语体系的阐释，并融入中华传统文化之中。还有近现代的马克思主义中国化，从毛泽东思想的形成到中国特色社会主义理论体系的建立与发展，是马克思主义在传入中国后，同中国革命和建设相结合产生的一系列马克思主义中国化伟大成果。这都是我们对自身文化有着足够的自信和认同，才能在历史上使其他文化逐渐融入于中华文化，使中华文化得以蓬勃发展。那么如今我们更要坚定文化自信，深入挖掘、研究中华优秀传统文化的内涵，以规范的学术研究方式引导民众认识中华优秀传统文化，形成对中华优秀传统文化的认同感和自豪感。

坚持"文化自信"，不仅是对优秀文化丰富内涵和价值的认同与坚守，更是对落后的或者不符合自身发展的价值取向自觉的纠正与革新。中华优秀传统文化中蕴含的"有则改之，无则加勉"的处事原则，使我们可以正确处理在发展中落后的价值取向，并给予及时的更正。习近平总书记提出，"要使中华民族最基本的文化基因与当代文化相适应，与现代社会相协调"。在总结前人经验教训的基础上提出这样的观点旨在将中华优秀传统文化的传承与时代生产生活结合，在时代进步发展过程中不断更正落后的不符合自身发展的价值判断，实现对中华优秀传统文化的自信。中国历代制度文化重视的"以德治国""以仁治国"的精神对当代社会治理仍有借鉴参考价值，但也要符合现代民主精神和以法治国思想，使"仁治"和"法治"完美结合。同时，要给中华优秀传统文化找到准确的定位，发挥它在当代社会的价值引领作用，使其敢于更正自身落后的价值取向，做出适应现代化发展方向的调整，促进当代文化构建与形成。每一个历史时期中华民族都在总结和更正以往社会建设中落后的、不完善的价值判断和选择，认清和辨别传统文化的本质与内涵。

总之，传承和弘扬中华优秀传统文化需要坚定文化自信，只有了解传统文化的历史价值和时代价值，才能认可中华优秀传统文化，进而增强民族文化的自信心和自豪感，才会有人愿意去传承优秀传统文化，中华优秀传统文化才能实现"明其来处，知其去处"。

三、吸收优秀成果，推动文化创新

文化创新是促进中华优秀传统文化长足发展的根本动力。中华优秀传统文化与世界各民族之间的交流对话是传统文化发展进步的前提，也是中华优秀传统文化传承性、革新性、开放性、包容性的时代体现，文化要在交流借鉴中实现创新。习近平总书记在联合国教科文组织的演讲中明确指出："文明是多彩的，人类文明因多元才有交流互鉴的价值；文明是平等的，人类文明因平等才有交流互鉴的前提；文明是包容的，人类文明因包容才有交流互鉴的动力。"平等的交流与对话是要理性地看待中外文化的差异，是对不同文化、不同民族之间关系的认可，世界文化的交流、融合不是一种文化对另一种文化的取缔，而是民族文化之间的相互学习借鉴、共同进步。应该以马克思主义唯物论观点为指导，对文化进行反思，批判地吸收世界所有优秀文化成果，丰富中华优秀传统文化内涵，最终使中华优秀传统文化同其他各民族文化积极互鉴，进而推动文化创新。

首先，从内容和目标上要进行基于国家建设和发展需求的文化创新。中华优秀传统文化典籍《诗经》讲的"周虽旧邦，其命维新"，《韩非子》里的"世异则事异，事异则备变"，《周易·系辞下》里的"穷则变，变则通，通则久"等论述，是内含在不同时期的精神指引，也成为我国当前"全面深化改革""全面依法治国""创新、协调、绿色、开放、共享"等治国理念的思想基础。中国共产党深刻认识到中华优秀传统文化对社会发展和建设的重要作用，并在党的十九大报告中提出"推动中华优秀传统文化的创造性转化和创新性发展"。只有基于当代中国建设和发展实践需要出发，吸收外来优秀文化成果，深刻挖掘和研究中华优秀传统文化中蕴藏的智慧并赋予其时代价值的创新，中华优秀传统文化才会被重视。习近平新时代中国特色社会主义思想，是中华优秀传统文化同马克思主义的有机结合，是马克思主义中国化的最新成果，将指引着中国的建设和发展方向。

其次，要推动文化表达形式的创新与超越。文化以其思想性和启发性感染人、教育人、熏陶人。文化的传承与创新也需要有一定的形式和载体，无论是以《诗词大会》《经典永流传》《国家宝藏》《舌尖上的中国》等综艺节目形式推广和弘扬中华优秀传统文化，还是从《上下五千年》《孔子》《神笔马良》等电影、纪录片角度阐释中华优秀传统文化，或是用以孔子学院为代表的教育机构推动中华文化向世界范围传播，这多种多样的文化表达形式作为精神文化层面，不仅丰富了人民的精神文化生活，更被广大的人民群众所接受。习近平总书记曾指出，"要系统梳理传统文化资源，让收藏在禁宫里的文物、陈列在广阔大地上的遗产、书写在古籍里的文字都活起来"，就是要让社会通过多种多样的文化表达形式来推动中华优秀传统文化的创新与发展。

四、完善体制机制，促进文化发展

各级宣传、教育、行政等部门要加强和完善对优秀传统文化的制度建设，创造良好的社会文化环境，加快政府、学校、企业和家庭文化教育理念的更新和协调配合，推动传统文化健康发展。

首先，要完善传统文化传承与发展的体制机制。优秀传统文化的传承与发展离不开政府部门的重视、支持和引导。各级管理部门要履职尽责，充分发挥主导和监管作用，把对文化的传承工作落到实处，凸显优秀传统文化建设的重要性；要统筹协调各方面力量，制定有利于优秀传统文化发展的规章制度，完善管理措施，将优秀传统文化的建设推向新高度；要严格落实责任制，加强监督检查，建立完善的社会参与机制和政策保障机制，形成一套完整的、科学的优秀传统文化建设的保障体系。

其次，要创造良好的社会文化氛围。面对市场经济的日益发展和信息科学技术的不断进步，必须加强正确的舆论引导，切实提高舆论导向的能力。一方面，要充分发挥主流媒体的作用，加大优秀传统文化宣传力度，通过新闻媒体和社会舆论提升正面宣传效果，扩大优秀传统文化的影响。同时，要切实加强网络舆论的监控，牢牢把握话语权。另一方面，要牢固以民为本的理念，深入基层、面向大众，夯实群众基础。另外，要推进文化惠民工作，切实保障群众的文化基本需求和权益，拓展文化宣传渠道，鼓励和支持广大群众开展各式各样的文化活动，使文化活动开展常态化。

最后，要加快教育体制改革，使学校和家庭形成良性互动。良好的文化底蕴离不开健康的身体和积极向上的心理，只有家庭和睦、学校学风浓厚的环境，才能使学生在潜移默化中打好优秀传统文化学习和认知的基础，家庭和学校是学生思想发展的主要阵地。经济全球化时代，学校和家庭要协调配合，将教育理念贯彻到学校和家庭对学生优秀传统文化素养培育的各个方面。家长应坚持学习，从自我做起，不断充实自己，加强对优秀传统文化的认知，以身作则，提升自身人格魅力，使孩子有一个良好的素质培养环境。对于学校而言，其不仅要营造出积极向上的学习中华优秀传统文化的氛围，丰富校园优秀传统文化活动，加大对中华优秀传统文化的宣传；还要加快中华优秀传统文化课程的创新和教学方法的改革，调动学生参与的积极性和主动性，提高学生的思想认识。教师要加强自己对优秀传统文化的认知，全面提高教育教学能力，为更好地培养传承与弘扬中华优秀传统文化的接班人做出应有的贡献。

五、发展文化产业，繁荣文化市场

经济全球化时代，网络、信息技术的高速发展使文化产业化在经济发展中所占的比重越来越大。积极挖掘中华优秀传统文化丰富的资源，大力发展与中华优秀传统文化资源相关的文化产业，对传承与发展中华优秀传统文化、提高我国的国际竞争力具有深远影响。随着经济全球化的推进，市场经济体制深入发展，人类交流更加频繁。文化作为"人的生活样法或生存方式"，深刻地影响人类生活的方方面面。因此要通过利用先进的科学技术手段和制度手段来对精神文化产物进行创新、创造，助推文化产业发展建设，促进和弘扬中华优秀传统文化的传承与发展，走向"文化自强"。

首先，用市场经济体制助推和引导文化产业获得更好的社会效益和经济效益。在现代科学理性思维的引导下，提升对中华优秀传统文化产业的投入，用合理的产业制度引导和规范文化产业发展，将中华优秀传统文化的传承与发展融入社会主义的市场经济体制建设当中，实现文化凝聚力、国家文化软实力与经济的结合，促使产生具有思想内涵、艺术价值和满足人民精神文化、物质文化需要的文化产品，增强国家经济实力。

其次，借助现代科技手段推动文化产业发展。科技革命促使网络信息科学技术发展，这也将使经济全球化迈入新的国际合作阶段。在经济全球化的民族文化交流状态下，互联网技术作为支撑"第三次科技革命"的支柱，也成了中华优秀传统文化传承与发展的重要载体。"网络作为新的文化载体，一方面使信息技术与文化紧密结合形成发展前景更为广阔的信息文化产业，克服了传统文化由于地理、传播和制度的障碍而产生的惰性，以一种全新的生产方式和交往方式，加速各种文化的相互交流与影响，另一方面也成为当今各国文化竞争、拓展的新式武器"，这就需要我们用积极的态度、开阔的视野去认识中华优秀传统文化传承与发展，将当代科学技术同中华优秀传统文化的传承与发展联系在一起，用现代技术不断挖掘中华优秀传统文化的精神力量，汲取不同民族文化的新鲜血液，注重作为中华优秀传统文化一部分的少数民族优秀传统文化的保护与发展，赋予中华优秀传统文化生命力，将中华优秀传统文化转化为推动社会经济发展的强大生产力，为人民大众创造精神文化生活和物质文化生活。

参考文献

[1] 张良驯，周雄，刘胡权. 当代青少年中华优秀传统文化教育研究 [M]. 北京：北京理工大学出版社，2015.

[2] 周毅. 中华传统文化与人生修养 [M]. 成都：四川大学出版社，2016.

[3] 杨敏. 历史传统文化传承与发展 [M]. 长春：吉林大学出版社，1970.

[4] 杨君萍. 传统文化与人文素养 [M]. 长春：吉林文史出版社，2017.

[5] 李广龙. 当代教育中的中国传统文化研究 [M]. 长春：东北师范大学出版社，2018.

[6] 彭锡钊，王振江，于颖. 我国传统文化与学校思想政治教育 [M]. 北京：九州出版社，2018.

[7] 罗本琦. 传统文化与马克思主义中国化 [M]. 芜湖：安徽师范大学出版社，2018.

[8] 韦祖庆. 传统文化生态观的教育传承研究 [M]. 北京：光明日报出版社，2018.

[9] 张薇，付欣. 我国传统文化与思想政治教育的融合创新研究 [M]. 西安：西北工业大学出版社，2019.

[10] 汪受宽，屈直敏. 中华优秀传统文化精要 [M]. 兰州：甘肃人民出版社，2018.

[11] 齐艳. 中国传统文化与高校思想政治教育的融合性研究 [M]. 北京：中国广播影视出版社，2019.

[12] 钱海. 中华传统文化当代价值论 [M]. 贵阳：孔学堂书局，2019.

[13] 朱康有. 中华优秀传统文化与马克思主义 [M]. 重庆：重庆出版社，2019.

[14] 杨朝晖，段玥婷. 全球化背景下中华优秀传统文化与大学生思想政治教育的融合研究 [M]. 天津：天津人民出版社，2020.

[15] 史良. 传统文化与高校思想政治教育融合发展的价值研究 [M]. 石家庄：河北人民出版社，2019.

[16] 宋眉，俞晓群，吴刚. 传统文化艺术资源的当代转化 [M]. 杭州：浙江大学出版社，2019.

[17] 肖珍. 新时代中华优秀传统文化的历史定位、价值指向与实践路径 [J]. 昌吉学院学报，2020（4）：29-33.

[18] 王艺娜. 思政教育视角下传统优秀文化的价值审视及实践路径 [J]. 湖北经济学院学报（人文社会科学版），2020，17（9）：121-123.

[19] 申睿. 中华优秀传统文化中的礼仪思想及其当代价值 [J]. 蚌埠学院学报，2020，9（4）：91-94.

[20] 秦继伟. 夯实中华优秀传统文化传承的价值基础 [J]. 现代交际，2020（11）：232-233.

[21] 卢小丽. 中国优秀传统文化的时代价值与传播路径 [J]. 党政干部论坛，2020（6）：43-45.

[22] 徐礼红. 中华优秀传统文化的价值意蕴 [J]. 江西社会科学，2020，40（5）：226-232.